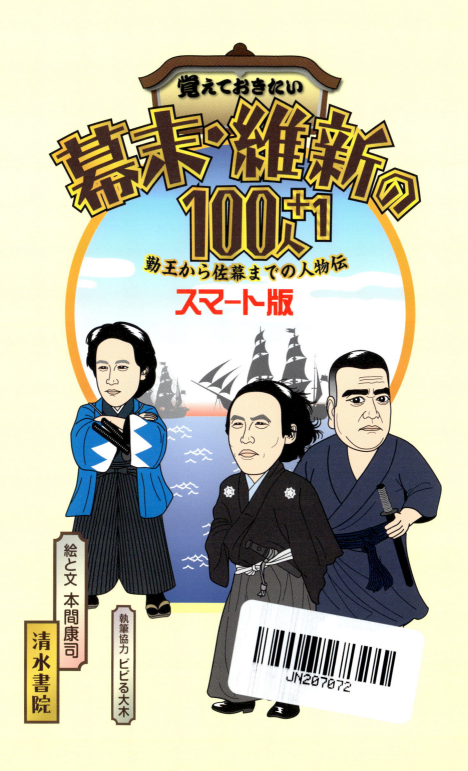

目 次

薩摩藩
- 薩摩藩ってどんな藩？ …… 5
- 西郷隆盛 …… 6
- 西郷隆盛のゆかりの人々 …… 8
- 西郷隆盛 ゆかりの地 …… 9
- 島津久光 …… 10
- 島津斉彬 …… 12
- 大久保利通 …… 14
- 小松帯刀 …… 16
- 五代友厚 …… 18
- 川路利良／調所広郷 …… 20
- 中村半次郎／黒田清隆 …… 22
- 薩摩スチューデント …… 24

長州藩
- 長州藩ってどんな藩？ …… 25
- 吉田松陰 …… 26
- 吉田松陰のゆかりの人々 …… 28
- 吉田松陰 ゆかりの地 …… 29
- 木戸孝允 …… 30
- 高杉晋作 …… 32
- 伊藤博文 …… 34
- 大村益次郎 …… 36
- 久坂玄瑞／山県有朋 …… 38
- 井上　馨／毛利敬親 …… 40
- 村田清風／周布政之助／品川弥二郎 …… 42
- 長州ファイブ（長州五傑） …… 44

土佐藩
- 土佐藩ってどんな藩？ …… 45
- 坂本竜馬 …… 46
- 坂本竜馬のゆかりの人々 …… 48
- 坂本竜馬 ゆかりの地 …… 49
- 山内容堂 …… 50
- ジョン万次郎 …… 52
- ジョン万次郎の漂流地図 …… 54
- ジョン万次郎 ゆかりの地 …… 55
- 吉村寅太郎／吉田東洋 …… 56
- 後藤象二郎／谷　干城 …… 58
- 中岡慎太郎／板垣退助 …… 60
- 武市半平太／福岡孝弟 …… 62
- 岩崎弥太郎 …… 64

肥前藩
- 肥前藩ってどんな藩？ …… 65
- 大隈重信 …… 66
- 鍋島直正／江藤新平 …… 68
- 幕末の動き …… 70

明治5（1868）年以前は、和暦と西暦の間には1か月前後の違いがあります。この本では、明治5年以前の月日は和暦をもとに記載しています。換算の仕方によっては、西暦年が1年ずれて記載されることがあります。

（例）明治元年11月19日
　月日は旧暦をもとにする場合：1868年11月19日
　月日も西暦に換算する場合　：1869年　1月　1日

公家・幕府・幕末ゆかりの人々 ……………………………… 71

岩倉具視	72
三条実美	74
孝明天皇	76
徳川慶喜	78
徳川家慶／徳川家定	80
徳川家茂／和宮	82
井伊直弼	84
勝　海舟	86
安藤信正／阿部正弘	88
山岡鉄舟／小栗忠順	90
川路聖謨／長野主膳	92
堀田正睦／榎本武揚	94
水野忠央／大鳥圭介	96
天野八郎／佐々木只三郎	98
松平容保	100
松平春嶽／橋本左内	102
由利公正	104

由利公正とゆかりの人々 …………………………………………… 105

徳川斉昭／会沢正志斎	106
藤田東湖／武田耕雲斎	108
近藤　勇	110
土方歳三	112
沖田総司／斎藤　一／伊東甲子太郎	114
福沢諭吉	116
宮部鼎蔵	118
陸奥宗光	120
横井小楠／河井継之助	122
佐久間象山／緒方洪庵	124
清河八郎／西　周	126
梅田雲浜／平野国臣	128
伊達宗城／真木和泉	130
江川太郎左衛門／千葉周作	132
黒駒勝蔵／清水次郎長	134
お登勢／坂本乙女／楢崎竜	136
木戸松子／篤姫／山本八重	138
マシュー・ペリー	140
タウンゼント・ハリス	142
ラザフォード・オールコック／ハリー・パークス	144
トーマス・ブレーク・グラバー／アーネスト・サトウ	146
参考文献一覧	149
掲載人物一覧	152

薩摩藩

薩摩藩ってどんな藩？

薩摩国鹿児島（現在の鹿児島県鹿児島）に藩庁をおいた外様藩。藩主は島津氏。江戸幕府の幕藩体制下では薩摩国、大隅国の2国と日向諸県（現在の宮崎県・鹿児島県の一部）1郡の所領となった。

石高は1617（元和3）年に約61万石だったが、1635（寛永12）年に琉球が加えられて約74万石。1725（享保10）年検地では約87万石であった。

江戸後期までに藩政改革により財政を立て直したことから、幕末の日本では長州藩や土佐藩、肥前藩とともに指導的な役割を果たす、西南の雄藩となった。

西郷隆盛	6
島津久光	10
島津斉彬	12
大久保利通	14
小松帯刀	16
五代友厚	18
川路利良	20
調所広郷	20
中村半次郎	22
黒田清隆	22

その生涯と幕末の動乱

文政10(1827)年	12月7日、薩摩藩の下級士族の家に生まれる。	
安政元(1854)年	藩主島津斉彬の参勤に従い江戸に出る。	
安政5(1858)年	安政の大獄ののち奄美大島に配流される。	
元治元(1864)年	禁門の変で長州軍と戦う。	
慶応2(1866)年	坂本竜馬の仲介によって、長州藩木戸孝允との間で倒幕の薩長同盟を結ぶ。	
明治元(1868)年	鳥羽・伏見の戦いでは、新政府軍を指揮し、勝海舟との会談で江戸無血開城を実現する。	
明治3(1870)年	参議となり、廃藩置県にあたる。	
明治6(1873)年	征韓論争により職を辞し帰郷する。	
明治10(1877)年	西南戦争を起こすが政府軍に敗れ、9月24日に自刃した。享年51。	

幕末の動乱

1825年	異国船打払令を発令
53年	ペリーが浦賀来航
58年	安政の大獄
66年	薩長同盟成立
67年	大政奉還
68年	戊辰戦争　五箇条の誓文
74年	民撰議院設立建白書
	台湾出兵
77年	西南戦争

エピソード

銅像

上野の西郷隆盛の銅像は高村光雲、犬の銅像は後藤貞行が作ったもの。西郷隆盛の飼っていた愛犬「ツン」は薩摩犬でメスだったが、製作時にオスの犬をモデルにしたため、銅像の犬はオス。ウサギ狩りに出かける様子を銅像にした。

この銅像の除幕式のために上京してきた西郷夫人は、出来上がった銅像を見て「うちの旦那はこんな顔じゃない」「浴衣で犬の散歩などしない」と嘆いたという。

肖像画

西郷隆盛は写真嫌いで、一枚も写真を残していないという。明治天皇に写真の提出を求められても断ったほど。

西郷隆盛の肖像画も本人ではないらしく、西郷との面識が一切無かったキヨッソーネというイタリア人の銅版画家が人から特徴を聞いて描いたもの。顔の上半分は比較的顔が似ていたといわれる実弟の西郷従道の写真を参考に、下半分はいとこの大山巌の写真を参考にして描いたもの。

3度の結婚

28歳の時、父母の勧めで伊集院須賀と結婚したが、すれ違い生活だったため離婚。

33歳で愛加那と2回目の結婚、2人の子供が生まれている。しかし、薩摩藩では島民が島から出ることは許されず、西郷が薩摩に戻るときに永遠の別れとなった。

39歳の時、糸子と3回目の結婚をして3人の子供を生んだ。ほとんど留守だったので夫婦間の会話があったかは微妙。

不思議なオトコ

◎人間としての器がでかいというイメージを持っている人が多いと思う。ボクもそう思う。しかし、こうも思う。

◎犬に鰻を食べさせたり、犬の鰻の代金で数万円も払ったり、欲しいと思った犬がいたら手に入れるまであきらめないとか、『隆盛』は父親の名前だと言わなかったり、家の天井が雨漏りしていても、日本が雨漏りしている状況で、自分の家だけ雨漏りを直すわけにはいかない（と言っていたり）とか、家で音を立てて歩かないとか、『短刀一本で用は足りる』とおどしてみたりとか、よくわからないオトコ。不思議な人だよホント。

【西郷隆盛の名言】

◎ 人を相手にせず、天を相手にして、おのれを尽くして人を咎めず、我が誠の足らざるを尋ぬべし。
◎ 急速は事を破り、寧耐（ねいたい）は事を成す。
◎ 己を利するは私、民を利するは公、公なる者は栄えて、私なる者は亡ぶ。
◎ 人は、己に克つを以って成り、己を愛するを以って敗るる。
◎ 天は人も我も同一に愛し給ふゆえ 我を愛する心をもって人を愛するなり。
◎ 事に望みては、機会は是非、引き起こさざるべからず。
◎ 過ちを改めるにあたっては、自分から誤ったとさえ思いついたら、それで良い。そのことをさっぱり思いすてて、すぐ一歩前進することだ。過去の過ちを悔しく思い、あれこれと取りつくろおうと心配するのは、たとえば茶碗を割ってそのかけらを集めてみるのと同様何の役にも立たぬことである。
◎ 正論では革命をおこせない。革命をおこすものは僻論（へきろん）である。
◎ 敬天愛人（天を敬い、人を愛する）。

西郷隆盛 ゆかりの地

●生誕の地 (鹿児島県鹿児島市)

西郷隆盛と弟・従道の生誕地。市内の加治屋町からは、大久保利通も輩出された。

●城山 (鹿児島県鹿児島市)

西南戦争で西郷軍の本営が置かれたのがこの城山。一帯には西郷の銅像(上)や、彼が最後の数日を過ごした洞窟(左)、西郷が設立した私学校、薩摩藩主の居城・鶴丸城などの史跡がある。

●京都薩摩藩邸 (京都市上京区)

西郷と大久保利通・木戸孝允・坂本竜馬らが集まり薩長同盟が結ばれた場所。同志社大学の敷地内にある。
● Map

●西郷南洲・勝海舟会見の地 (東京都港区)

西郷と勝の話し合いにより江戸城無血開城が決まった。薩摩藩の江戸藩邸跡。
● Map

島津久光
[しまづ ひさみつ]

薩摩藩

1817年
▼
1887年

幕府に公武合体を主張した薩摩藩の最高権力者

> 俺はいつ将軍になるのだ。

プロフィール
薩摩藩主島津斉彬の異母弟で、斉彬の次の藩主となった島津忠義の父ではあるが藩主ではない。幕末の公武合体運動を強力に推し進め、文久の改革を担った。

その生涯と幕末の動乱

	その生涯
文化14(1817)年	10月24日に生まれる。父は薩摩藩主島津斉興、母は側室の由羅。
安政6(1859)年	長子の忠義が藩主となると、国父と尊称され、藩の実権を握る。
文久2(1862)年	4月、寺田屋事件で藩内の尊王攘夷派を討つ。5月には勅命を受けて江戸に下り、文久の改革を実施する。江戸からの帰路、生麦事件を起こす。
文久3(1863)年	薩英戦争が起こる。
明治6(1873)年	内閣顧問・左大臣に任じられる。
明治9(1876)年	政府の欧化政策に反対して帰国。
明治20(1887)年	12月6日没。享年71。

幕末の動乱

1825年	異国船打払令を発令
53年	ペリーが浦賀来航
58年	安政の大獄
64年	四国連合艦隊、下関砲撃
73年	征韓論争
77年	西南戦争
89年	大日本帝国憲法発布

エピソード

人物

異常な西洋嫌いで知られた。西郷隆盛と仲が悪く、西郷に地五郎(田舎者)と呼ばれていた。

趣味

囲碁。大久保利通は島津久光に接近するため囲碁を習い始めたという。

生麦事件

久光一行が、江戸から京都に帰る途中の横浜付近の生麦村で、乗馬のイギリス人4人が行列を横切ったため、警護の武士が切りつけ、1人を殺害、2人を負傷させた。

幕府は賠償金を払ったが、薩摩藩は払わず、薩英戦争に発展。後に横浜で講和したが、お互いに相手の実力を知り、以後、イギリスが薩摩藩を援助するようになった。

花火

明治維新後、大久保利通や西郷隆盛が主導した廃藩置県に激怒、抗議の意味を込めて、自邸の庭で一晩中花火を打ち上げていたという。

晩年

明治政府が出した「断髪令」や「廃刀令」などに対して反発を続け、生涯まげを切らず、帯刀や和装をやめなかった。

「国父」ってスゴイね

◎藩主・忠義の父。国父として実権を握ったけど、国父って、存在すごいよね? 生麦事件でイギリスと戦争!(イギリス対鹿児島県ってスゴイ)。寺田屋事件で身内が身内を斬ったり、公武合体運動に動いたりといろいろな事件があった時に君臨していたんだよね。そんで明治に入ってからは新政府のやり方に反対。本人が自伝を書いたら興味深い話がワンサかあるんだろうなあ。

島津斉彬
[しまづ なりあきら]

1809年 ▼ 1858年

藩政改革を行った薩摩藩の第十一代藩主

薩摩藩

プロフィール
江戸後期の薩摩藩藩主。日本で最初の近代的洋式工場群である集成館を設け、藩内の殖産興業を進めた。

勇断なき人は事を為すこと能はず。

その生涯と幕末の動乱

文化6(1809)年	3月14日に生まれる。父は島津斉興。
弘化3(1846)年	琉球の外国軍艦来航問題の処理にあたる。
嘉永4(1851)年	お家騒動を経て、薩摩藩主となる。
嘉永6(1853)年	反射炉の設置など殖産興業、富国強兵策を進める。
安政3(1856)年	養女の篤姫が将軍徳川家定の正室となる。
安政4(1857)年	将軍継嗣問題では一橋慶喜を推し、井伊直弼らと対立。
安政5(1858)年	鹿児島での軍事演習中の7月16日に急死。享年50。

幕末の動乱

1808年	間宮林蔵、樺太探検
25年	異国船打払令を発令
41年	天保の改革始まる
53年	ペリーが浦賀来航
54年	日米和親条約成立
58年	安政の大獄
60年	桜田門外の変

エピソード

性格
温厚。大名一の人格者と評された。西郷隆盛は斉彬の死を知ると号泣、後追い自殺をしようとしたほど。

姉さん女房
歴代の島津藩主家の中で、ただひとり徳川家康の血を引く当主である。
1826年、一橋徳川家3代目当主である斉敦の三女、英姫と婚姻。英姫は当時21歳の姉さん女房で、斉彬は17歳だった。

徳川斉昭
水戸藩9代藩主、徳川斉昭とは親しく、二人は手紙のやりとりを頻繁に行っていた。
贈り物についても記され、斉彬が当時、珍重されていた座敷犬・狆と豚肉を贈ったお返しに斉昭から水戸家特製のお菓子を貰ったことに対するお礼を述べたり、贈った狆が病気がちだと知り、健康な狆を再び手配して、「これは病気ではございません。仲間との折り合いもよろしい狆でございます」と書き添えたりした。

日の丸の生みの親
当時、日本には国旗がなく、外洋で外国船と日本船を区別できるような印が必要と考え、日の丸を日本の船印にするよう幕府に提案、認められたという。

趣味
写真、造船、科学。大名のなかで、最も早く写真撮影をした人物といわれている。

西洋かぶれ
◎西洋かぶれのお殿様と言われるだけあって、アメリカから帰ってきたジョン万次郎を直接取り調べたらしい。取り調べとは言うが、中身はアメリカの政治、文化、造船などを殿様自らが取材してるカンジだよ。ジョン万次郎も殿様が出てきてビックリしただろうなあ。部下にやらせてあとで話を聞くのではなく、興味があり過ぎで自分が話を聞くあたりが、少年っぽさがあってイイね。
◎このお殿様が長生きしてたら西郷隆盛、大久保利通はどうなっていたのかね。坂本竜馬をどうしただろうね。

大久保利通

近代日本の基礎を築いた実力者

【おおくぼ としみち】

薩摩藩

1830年
▼
1878年

この難を逃げ候こと本懐にあらず。

プロフィール

幕末期の薩摩藩士。西郷隆盛とともに薩長同盟・王政復古・廃藩置県に活躍。明治新政府では岩倉使節団の副使となり、帰国後は征韓論に反対した。

その生涯と幕末の動乱

- **天保元(1830)年** 8月10日、薩摩藩下級士族の家に生まれる。
- **嘉永4(1851)年** 島津斉彬に西郷隆盛とともに登用される。
- **慶応3(1867)年** 岩倉具視と協力し討幕の密勅を実現させ、王政復古のクーデタを画策する。
- **明治4(1871)年** 廃藩置県を行う。大蔵卿となり、岩倉使節団として欧米に出発。
- **明治6(1873)年** 帰国し、征韓論に反対する。内務卿となり地租改正・殖産興業政策を進める。
- **明治7(1874)年** 佐賀の乱を鎮定後、台湾出兵を行う。
- **明治10(1877)年** 西南戦争を鎮圧する。
- **明治11(1878)年** 5月14日、紀尾井町で不平士族に襲われて死去。享年49。

幕末の動乱

- **1825年** 異国船打払令を発令
- **53年** ペリーが浦賀来航
- **67年** 大政奉還
- **68年** 戊辰戦争　五箇条の誓文
- **71年** 廃藩置県
- **73年** 征韓論争
- **77年** 西南戦争

エピソード

性格
笑顔をほとんど見せない。威厳があったため、面と向かって大久保に意見する者は少なかった。

内務省時代、大久保が自室へ向かう靴の音が響くと省内は静まりかえったという。

不人気
近代日本の基礎を築いた人物であることに間違いないが、同じ薩摩藩の西郷隆盛とつねに比較され、今の鹿児島では「西郷を死に追いやった人物」として大久保は人気がない。

表の西郷、裏の大久保
西郷隆盛は戦の指揮や薩長同盟などの交渉事を引き受け、大久保利通は水面下での工作を担ったことから「表の西郷、裏の大久保」といわれる。

牛肉
日本人は四本足の動物を食べることを忌み嫌っていたが、大久保は西洋人の立派な体格は肉食中心の食事が原因なのではないかと考え、国民に牛肉を食べさせようとした。そこで、明治天皇に目をつけ、牛肉は健康上大事であると説き、明治天皇が初めて牛肉を食べたと国民に示したことをきっかけに牛鍋が流行していった。

紀尾井町の変
朝、馬車に乗っていたところを襲撃されて死去。

襲撃されたとき、生前の西郷隆盛からの手紙を持っていたといわれている。

外国で報じられた暗殺！

◎驚いたことがあるよ。大久保利通は1878年5月14日の朝に暗殺されたワケですよ。5月16日の朝のロンドンタイムスにその記事が載ったらしい。明治11年のことだけど、早いね情報が。

日本のトップという認識がされていたんだなあ。暗殺予告まであったのに護衛を付けなかったらしいね。覚悟をしていたのだろうけれど、簡単な話じゃないよ。そしてその時、胸には西郷どんからの手紙が入っていたと。泣けてくるよ。

100年後の1978年、サザンオールスターズがデビュー。時が経ってスゴイよね！

15

その生涯と幕末の動乱

- **天保6(1835)年** 10月14日、薩摩国の私領主肝付家の三男に生まれ、後に小松家の養子となる。
- **文久元(1861)年** 島津久光の側近となる。
- **元治元(1864)年** 禁門の変では西郷隆盛とともに薩藩軍の指揮にあたる。
- **慶応2(1866)年** 西郷とともに長州藩士木戸孝允との間に薩長同盟を結ぶ。
- **明治2(1869)年** 新政府で参与などの重職に就くが、病気のため辞官する。
- **明治3(1870)年** 7月20日、大阪で病死する。享年36。

幕末の動乱

- **1837年** 大塩平八郎の乱
- **53年** ペリーが浦賀来航
- **54年** 日米和親条約成立
- **58年** 安政の大獄
- **64年** 四国連合艦隊、下関砲撃
- **66年** 薩長同盟成立
- **67年** 大政奉還
- **68年** 戊辰戦争　五箇条の誓文
- **71年** 廃藩置県

エピソード

性格
穏やかで誠実な人柄。人望も厚かった。

病弱
幼少の頃から病弱で、体をこわすほど勉強に没頭していたといわれる。成人になってからも足の病気、胸や肺の病気も患っていた。最期は腹部に切除できない腫瘍ができ、36歳の若さで病死した。

竜馬より先
日本初の新婚旅行を行った人物は坂本竜馬とお竜といわれているが、その10年前、新婚だった帯刀と妻・千賀は霧島の温泉に滞在していて、実際には、これが日本最初の新婚旅行だといわれている。

琴(こと)
妻・千賀との間に子供はいなかったが、愛人・琴との間に1男2女があり、長男は帯刀の死後、千賀が育てた。琴は「私が死んだら帯刀の傍らに埋めてほしい」と言ったという。願い通り、鹿児島の小松家墓地に建てられている。

アーネスト・サトウ
幕末にイギリスの外交官として派遣されていた、アーネスト・サトウの著書「一外交官の見た明治維新(上)」の中で「小松は私の知っている日本人の中で一番魅力のある人物」と評している。

篤姫との関係
2008年のNHK大河ドラマ「篤姫」では、篤姫(下)と帯刀が幼なじみで恋仲になるストーリーで描かれていたが、実際にはこの二人の関係を示す資料は現在のところ発見されていない。

子孫も活躍！
◎子孫が酒造メーカー「大関」の社長を務める。『帯刀』という純米酒、グループ会社には『小松帯刀』という焼酎もある。坂本竜馬を支援し、利用もした人ではあるけどね。

五代友厚

[こだい ともあつ]

薩摩藩

1835年 ▼ 1885年

明治維新後、実業界に転じ、大阪の経済発展に尽力

地位か名誉か金か、いや、大切なのは目的だ。

プロフィール

幕末期の薩摩藩士。維新後は実業家として成功した。経営する関西貿易社が開拓使官有物払い下げ事件を起こした。

その生涯と幕末の動乱

天保6(1835)年	12月26日、薩摩国城ケ谷に生まれる。
安政元(1854)年	藩の役人となる。その後長崎で航海術を学ぶ。
安政6(1859)年	藩の命で上海へ渡航する。
慶応元(1865)年	留学生を引率してヨーロッパ諸国を歴訪。
明治元(1868)年	新政府の参与・外国事務掛に任じられる。
明治6(1873)年	各地で鉱山経営を行ったのち、藍の製造販売等の事業を行う。
明治11(1878)年	大阪商法会議所を設立。
明治13(1880)年	東京馬車鉄道会社を創立。
明治14(1881)年	開拓使官有物払い下げ事件を起こす。
明治18(1885)年	9月25日、東京築地で病没。享年51。

幕末の動乱

1837年	大塩平八郎の乱
53年	ペリーが浦賀来航
58年	安政の大獄
64年	四国連合艦隊、下関砲撃
67年	大政奉還
71年	廃藩置県
73年	征韓論争
77年	西南戦争
81年	国会開設の勅諭
85年	内閣制度創始

エピソード

人物
イギリスの外交官、アーネスト・サトウによると、身なりは粗末なカスリの着物にヘコ帯をグルグル巻きつけて、タバコの焦げで穴だらけでも平気。洋服は夏、冬に一着ずつ。西洋通のくせに大の洋食嫌いで、来客には必ず鹿児島流のごった煮と泡盛を出し、きつい鹿児島弁でまくしたてたという。

趣味
囲碁。囲碁仲間に大久保利通がいる。

世界地図
父は琉球王国との貿易に関与。薩摩藩主、島津斉彬はポルトガル人から購入した世界地図の複写を友厚の父に命じたが、当時14歳の友厚が父から世界地図の複写を命じられ、2枚複写し、そのうちの1枚を自分の部屋に貼っていた。

記憶力
記憶力が抜群によく、いろいろな事業を広げていたが、すべての業績を暗記していた。

人の目を気にしない
座敷で人と会っているときでも、人の目を気にせず、庭に向かってそのまま小便をするという変な癖があったという。

大阪の恩人？
◎坂本竜馬率いる海援隊の事故、「いろは丸事件」の調停にあたったのが五代友厚。薩摩の留学生・薩摩スチューデントを率いた人でもある。
　大阪の恩人という話を良く聞く。ふるさと薩摩と距離ができてしまったのはさみしいね。

大阪証券取引所の銅像

川路利良
【かわじ としよし】
薩摩藩
1834年 ▼ 1879年

西南戦争で陸軍少将として警察隊を率い従軍

> 聲なきに聞き　形無きにみる。

プロフィール
幕末から明治初期の薩摩藩士。禁門の変や戊辰戦争で活躍。新政府では警察制度を構築し、警視庁の創設の際に初代の大警視に。

調所広郷
【ずしょ ひろさと】
薩摩藩
1776年 ▼ 1848年

藩財政を立て直した薩摩藩の家老

プロフィール
江戸時代後期の薩摩藩家老。財政改革を断行して、藩の借金を事実上棚上げにし、藩専売品である黒砂糖の管理などを徹底した。

その生涯と幕末の動乱

天保5(1834)年	5月11日、鹿児島の吉野村に生まれる。	
明治元(1868)年	戊辰戦争に従軍、上野彰義隊の鎮圧にもあたる。	
明治7(1874)年	東京警視庁が設置されると大警視(長官)となる。警察制度の改革を推進。	
明治10(1877)年	西南戦争に警視隊を率いて出征。	
明治12(1879)年	10月13日、死去。享年46。	

幕末の動乱

1837年	大塩平八郎の乱
67年	大政奉還
68年	戊辰戦争　五箇条の誓文
77年	西南戦争

エピソード

日本警察の父
　欧米を参考としながら、日本の警察機構の礎を築き、「日本警察の父」と呼ばれる。

玉
　戊辰戦争で、敵の銃弾が股間に当たり負傷。銃弾は金玉袋を貫いたが、奇跡的に金玉は無事だった。

大便
　初めての渡欧のとき、マルセイユからパリに向かう列車内で便意を催したもののトイレに窮し、やむを得ず日本から持参した新聞紙の上に排便。その新聞紙を包んで走行中の列車の窓から投げ捨てたところ、それが保線夫に当たってしまった。それを保線夫が地元警察に持ち込んだことから「日本人が大便を投げ捨てた」と、大きく報じられてしまった。

大好物
　大好物は蒲鉾。あまりによく買うので、料理屋だと思われていたという。

その生涯と幕末の動乱

安永5(1776)年	2月5日に生まれる。	
文政10(1827)年	島津斉興の側用人・家老として藩財政の再建や軍制改革に貢献する。	
嘉永元(1848)年	12月18日、密貿易の責任をとって自刃。享年73。	

幕末の動乱

1825年	異国船打払令を発令
41年	天保の改革始まる
53年	ペリーが浦賀来航

エピソード

茶坊主から藩重役に
　調所家は代々、藩主のそばにいて茶坊主を務める家だった。若い頃は調所は坊主頭になることに抵抗していた。姉が「お前は茶坊主で一生終わる男ではない」と励まし、元結を毎月送っていたという。その後、38歳の時に茶坊主から藩重役の御小納戸に抜擢されて蓄髪を許され、名前も笑左衛門と改める。

財政改革
　屈指の経済感覚を持つ調所は、薩摩藩の家老としてほぼ破綻していた藩の財政再建を命じられる。

　藩の借金を返済するため、奄美大島から砂糖を安く買い上げ、税金を厳しく取り立てた。商人たちからの借金500万両を250年の無利子分割払いで返済することを宣言。同時に清国との密貿易を行い、一部商人を儲けさせ彼らの不満を解消させた。

　結果、藩の財政は好転し、逆に大量の蓄財が生み出された。借金分割払いのほうも、維新後の廃藩置県までは毎年返済された。

中村半次郎 [なかむら はんじろう]

薩摩藩　1838年▼1877年

「人斬り半次郎」と呼ばれた西郷隆盛の右腕

> 虚名を得るは実に恥ずかしきこと。

プロフィール

幕末期の薩摩藩士。維新後は桐野利秋と名乗る。戊辰戦争で会津藩攻略に活躍し、のちに陸軍大臣。西南戦争で戦死。

黒田清隆 [くろだ きよたか]

薩摩藩　1840年▼1900年

戊辰戦争で五稜郭の戦いを指揮

> 政府は超然として政党の外に立つ。

プロフィール

幕末期の薩摩藩士。維新後は開拓使長官として北海道の開拓に尽力。2代目の内閣総理大臣ともなった。

その生涯と幕末の動乱

天保9(1838)年	12月、薩摩国吉野村に生まれる。
文久2(1862)年	藩主の父島津久光に従って上洛する。
明治元(1868)年	戊辰戦争に従軍。
明治7(1874)年	鹿児島で村田新八らと私学校を設立する。
明治10(1877)年	西南戦争では西郷とともに戦い戦死。享年40。

幕末の動乱

1837年	大塩平八郎の乱
53年	ペリーが浦賀来航
67年	大政奉還
74年	民撰議院設立建白書
77年	西南戦争

エピソード

幕末四大人斬り

中村半次郎、田中新兵衛、河上彦齋、岡田以蔵。この四人を「幕末四大人斬り」といい、中村半次郎は「人斬り半次郎」と呼ばれていた。

新撰組に「薩摩の中村半次郎には決して関わるな」とまで言わしめるほどの剣士だったという。

おしゃれ

おしゃれで有名だった。金無垢の懐中時計を愛用、軍服はフランス製のオーダーメイド、特注で軍刀のさやを純金貼りにしたり、シルクハットを愛用していた。

京都での定宿・寺田屋で働いていたお竜さんにて「オレと寝ろ」とせまったらしい。坂本竜馬の妻と知って「坂本さんにナイショにして」と本人さんに詫びたらしい。

しくじる大木の幕末列伝

その生涯と幕末の動乱

天保11(1840)年	10月16日、下級藩士の家に生まれる。
明治元(1868)年	五稜郭の戦いを指揮する。
明治5(1872)年	参議兼北海道開拓長官となる。
明治9(1876)年	日朝修好条規を結ぶ。
明治15(1882)年	開拓使官有物払い下げ事件により長官を辞任。
明治21(1888)年	伊藤博文の後を受けて内閣総理大臣となる。
明治33(1900)年	8月23日、病没。享年61。

幕末の動乱

1841年	天保の改革始まる
67年	大政奉還
74年	民撰議院設立建白書
77年	西南戦争
89年	大日本帝国憲法発布
94年	日清戦争(〜95)

エピソード

丸坊主

黒田が降伏させた、五稜郭の戦いの首謀者、榎本武揚を木戸孝允らは極刑にしようと主張。黒田はその才能を惜しみ、西郷隆盛に対し「この男はこれからの日本のために必要な人物だ。もし、榎本を殺すならそんな新政府を自分は辞めて坊主になる」と脅して、丸坊主になり、数珠を持って政府首脳を説得。これに木戸も折れて榎本は釈放された。

性格

普段は慎重で温かい人柄だったらしいが、酒を飲むと一転、ピストルを持ち出したり、日本刀を振り回したり、人が変わったように暴れだす。

酒に溺れる

酒好きで知られる黒田だが、西南戦争で、生涯師と仰ぐ西郷隆盛を死に追い立てたという自責の念を深め、「もう故郷に還れない」と嘆き、酒に溺れていったという。

23

薩摩スチューデント

　慶応元年（1865年）、薩摩藩は五代友厚らによる提案（留学によって西洋技術を習得し国を発展させる）を受け入れ、藩士19名（うち使節3名、通訳1名）をイギリスに派遣しました。彼ら薩摩藩英国留学生を薩摩スチューデントと呼びます。

　当時、幕府は日本人の海外渡航を禁止していたため、甑島・大島などの島々への出張と称し、それぞれ名前も変えて密出国したのです。彼らはロンドン大学で学んだり、イギリスの技術を藩に導入するための交渉を行ったり、パリ万博の薩摩藩の展示に関わったりもしました。

　派遣されたメンバーには、森有礼（後の文部大臣）、寺島宗則（後の外務卿）、町田久成（東京国立博物館の設立者）、村橋久成（サッポロビールの前身の創設者）などがいます。

　19人の留学生中最年少の13歳だった長澤鼎は、本名を磯永彦輔といったが、密航する時に薩摩藩からこの偽名を与えられ、この名前で一生を過ごした。イギリスへ向かう途中、アイスクリーム、パイナップルを初体験！ 長澤は1867年に留学生の仲間5人とイギリスを離れアメリカのニューヨーク州に移って、そこで明治維新を知るんだよ。1875年にはカリフォルニア州に。そこで農園開拓を進め、広大なワイナリーを経営して、「ぶどう王」と呼ばれたんだよ。ホームパーティーにはあの発明王・エジソンも来たらしい！ スゴい人生だね！

薩摩スチューデントの航路

薩摩藩英国留学生記念館 HP http://www.ssmuseum.jp/history.html などより　　　　写真は尚古集成館所蔵

長州藩

長州藩ってどんな藩?

長門国阿武郡萩(現在の山口県萩市)と周防国吉敷郡山口(現在の山口市)に藩庁をおいた外様藩。

江戸幕府の幕藩体制下では、周防国、長門国の2国を領有した。長府(現在の下関市内)、徳山(現在の周南市)、清末(現在の下関市内)、岩国(現在の岩国市)の4支藩を含めて長州藩と呼ぶ。藩主は代々毛利氏。石高は1625(寛永2)年約66万石、1761(宝暦11)年本藩領検地で約71万石であった。

江戸後期までに藩政改革により藩財政を立て直し、幕末の日本では薩摩藩や土佐藩、肥前藩とともに指導的な役割を果たす、西南の雄藩となった。

吉田松陰	26
木戸孝允	30
高杉晋作	32
伊藤博文	34
木村益次郎	36
久坂玄瑞	38
山県有朋	38
井上馨	40
毛利敬親	40
村田清風	42
周布政之助	42
品川弥二郎	42

その生涯と幕末の動乱

天保元(1830)年	8月4日、藩士杉家の次男として誕生。
天保6(1835)年	長州藩軍学師範吉田家を継ぐ。
天保10(1839)年	10歳。藩校明倫館で家学を教える。
嘉永4(1851)年	江戸に遊学し、佐久間象山らに学ぶ。
嘉永5(1852)年	脱藩の罪で士籍を奉われる。
安政元(1854)年	下田沖のアメリカ軍艦で密航を図るが失敗し、幽閉される。
安政3(1856)年	松下村塾で高杉晋作・久坂玄瑞・伊藤博文などの教育にあたる。
安政6(1859)年	安政の大獄により、10月27日に処刑される。享年30。

幕末の動乱

1825年	異国船打払令を発令
37年	大塩平八郎の乱
41年	天保の改革始まる
53年	ペリーが浦賀来航
54年	日米和親条約成立
58年	安政の大獄

エピソード

幼少期

厳格な教育者の叔父のもとでスパルタ教育を受けた。とてもおとなしい子供で、まったく手のかからない子だと、母親に喜ばれていた。

八丁味噌

好物は八丁味噌。松下村塾内でも味噌を仕込んでおり、塾生たちは松陰が作った手作りの八丁味噌を食べていた。

旅行のためだけに脱藩

友人の宮部鼎蔵らと東北へ旅行する約束をしていた松陰は長州藩に通行手形を申請するが、旅行の約束日になっても藩から通行手形が発行されず、宮部鼎蔵に迷惑をかけたくないという理由で脱藩してしまった。

前科5犯

ペリー艦隊の黒船への密航を企て、周到な計画も立てずに盗んだ小舟でアメリカ艦隊に横づけして黒船に乗り込んだりして、生涯で5回も投獄されている。

その間を勉学の好機とし、たくさんの本を読んだり、原稿を書いたりした。

生涯独身

松陰は生涯独身だった。妹・千代は「松陰は生涯婦人に関係することは無かりしなり」と証言している。女性に対して潔癖で友人たちと旅行中、友人たちが遊所に出入りしたときも松陰が同行した形跡はなかったという。

また、松陰は30歳以前の結婚は認めないという持論を持っていた。

「先生」と呼ばれる人

◎萩では「先生」をつけて呼ばないと怒られる吉田松陰先生。ぼくは吉田松陰先生が大好き。知れば知るほどムズカしい松陰先生。ちなみに「僕」という言葉を使っていたらしい。今で言う流行語かな。

◎まじめ一本なイメージがあるけれど、とてもロマンチストなんだよ。長崎にロシア船がきて乗り込もうと向かうわけ。その途中、横浜で浦島太郎の墓参りをしてるんだよ。海の向こうに広がる世界ということを投影させているのかな。なんだかイイよね。甘いものが好き、八丁味噌が好き、と聞くと同じ人間なんだとホッとする一面もある。

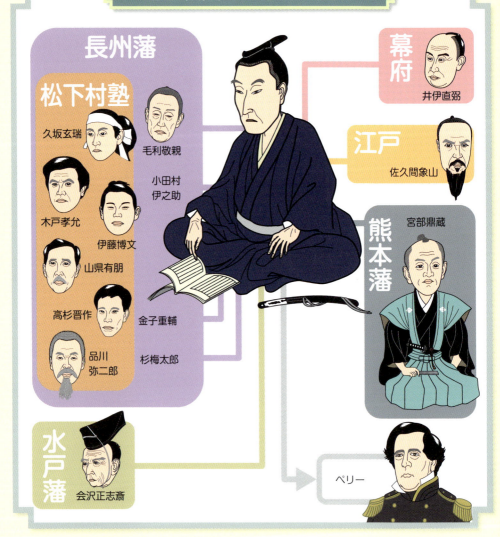

【 松田松陰の名言 】
◎ 至誠にして動かざるものは、未だこれ有らざるなり。
◎ 死して不朽の見込みあらばいつでも死ぬべし。 生きて大業の見込みあらばいつでも生くべし。
◎ 親思う 心にまさる親心 今日のおとづれ 何と聞くらん。
◎ 国家とともにという志がないならば、人ではないのである。
◎ 夢なき者に理想なし、理想なき者に計画なし、計画なき者に成功なし。故に、夢なき者に成功なし。
◎ 人を信ずることはもちろん、遥かに人を疑うことに勝っている。

吉田松陰 ゆかりの地

●松陰神社 (山口県萩市)

●松下村塾 (山口県萩市)

塾は元からの場所にある。神社は、明治23 (1890) 年、塾の隣に小さな祠を建てて松陰を祀ったことに始まる。

●Map

●吉田松陰像 (静岡県下田市)

●松陰先生終焉の地 (東京都中央区十思公園内)

安政の大獄で松陰が投獄され、処刑された場所。伝馬町牢屋敷跡。

●Map

アメリカ密航を企てて舟を漕ぎ出した柿崎弁天島の公園に、松陰と弟子の金子重輔の像がある。下田市内の蓮台寺温泉には密航前に立ち寄った旧村山行馬郎邸もある。

●Map

吉田松陰留学の地 (茨城県水戸市)

●Map

松陰は嘉永4 (1851) 年末から翌年にかけて水戸で学び、尊王攘夷論を説く会沢正志斎らの影響を受けた。水戸藩の藩校・弘道館 (上・写真) も訪れたという。

木戸孝允

[きど たかよし]

西郷隆盛と薩長同盟を結び、
江戸幕府を倒した立役者

長州藩

1833年
▼
1877年

事をなすのは、その人間
の弁舌や才智ではない。
人間の魅力なのだ。

プロフィール

桂小五郎とも称した。幕末
の長州藩士。吉田松陰に学
び尊王攘夷運動から倒幕運
動に活躍した。維新後は参
議として新政府を支えた。
維新の三傑のひとり。

その生涯と幕末の動乱

天保4(1833)年	6月26日、藩医和田家に生まれる。
嘉永2(1849)年	松下村塾に入門。
慶応元(1865)年	藩政改革を行う。
慶応2(1866)年	西郷隆盛と武力倒幕のための薩長同盟を結ぶ。
明治元(1868)年	新政府の参与に任じられ、五箇条の誓文の起草などを行う。
明治3(1870)年	参議に任じられる。
明治4(1871)年	廃藩置県を行う。岩倉使節団に同行する。帰国後、征韓論に反対する。
明治7(1874)年	台湾出兵に反対して参議を辞任。
明治8(1875)年	大阪会議ののち参議に復帰する。
明治10(1877)年	5月26日、西南戦争中に病死。享年45。

幕末の動乱

1837年	大塩平八郎の乱
53年	ペリーが浦賀来航
64年	四国連合艦隊、下関砲撃
66年	薩長同盟成立
67年	大政奉還
68年	戊辰戦争　五箇条の誓文
74年	民撰議院設立建白書
77年	西南戦争

エピソード

逃げの小五郎

剣豪で知られたが、追っ手が迫ると一目散に逃げていたことから「逃げの小五郎」と呼ばれた。新撰組に同行を求められたときには、「もれそうだ！　大便させてくれ」と言って、隊士が油断した隙に逃げだしたという。

幾松

木戸が京都の料亭で初めて芸妓の幾松（松子）に会ったとき、幾松にはすでに愛人関係にある男がいた。あきらめきれない木戸は子分であった伊藤博文になんとかするよう依頼。伊藤は幾松の義母にかけあい、木戸の愛人として譲り受けることに成功した。

金銭感覚

生家の和田家、養子に行った桂家がともに裕福だったため、お金に困ることはなかったそう。

実家から送金があると木戸は、その包みを大切にしまったりませず、無造作に棚の上に投げ置いていた。ある日、お金を使う用事があってその包みを開けると、何者かに盗まれて中身がなくなっていた。木戸は平気な顔で「ねずみが引いて行ったのじゃろう」と言ったという。

江戸に上がってくる道中では、仲間の飲食代や家賃をおごることがたびたびあった。

明治政府発足後、貧困者のために出資したりもした。給料の半分をためらうことなく出していたという。

時計コレクター

大の時計好きで筋金入りのコレクター。

ある日、横浜に洋式銃を買いに行ったついでに懐中時計も購入しようとしたが、あいにく手持ちがなかった。どうしても懐中時計が欲しくなり、支払いに藩の金を使ってしまう。そのことを長州藩の来島又兵衛（きじままたべえ）に手紙で密かに打ち明けて、代金を立て替えてもらったこともあった。

岩倉使節団の一員としてイギリスに行った時も、イギリス人の工員の年収以上もする高級時計を購入している。

書き魔

死の直前まで日記を書き続けた。かなりの「書き魔」として知られ、残した文書は桁違いに多く「木戸孝允遺文集」「木戸孝允文書」に収められている手紙だけでも2千200通以上、日記を集めた「木戸日記」は20冊にも及ぶ。

高杉晋作
【たかすぎ しんさく】

1839年
▼
1867年

長州藩

奇兵隊を結成し、藩を倒幕へと導いた長州藩士

真の楽しみは苦しみの中にこそある。

プロフィール

幕末の長州藩士。吉田松陰に学び尊王攘夷運動で活躍した。市井の人々とともに奇兵隊を組織し長州藩の藩論を倒幕へと転換させた。

その生涯と幕末の動乱

天保10(1839)年	8月20日、藩士高杉家に長男として誕生。
安政4(1857)年	藩校明倫館に入舎する。松下村塾にも入門。
安政5(1858)年	江戸の昌平坂学問所に入学。
万延元(1860)年	軍艦教授所に入学。明倫館舎長となる。
文久2(1862)年	上海で太平天国の乱に遭遇。江戸品川のイギリス公使館を焼き討ちする。
文久3(1863)年	奇兵隊を結成。
元治元(1864)年	第1次長州征討後に台頭した保守派に対して挙兵し、藩の主導権を握る。
慶応2(1866)年	第2次長州征討では幕府軍を破る。
慶応3(1867)年	4月14日、下関で死去。享年29。

幕末の動乱

1837年	大塩平八郎の乱
53年	ペリーが浦賀来航
58年	安政の大獄
64年	四国連合艦隊、下関砲撃
66年	薩長同盟成立
67年	大政奉還
68年	戊辰戦争　五箇条の誓文

エピソード

天然痘

10歳のときに、当時世界で猛威を振るい「悪魔の病気」と恐れられていた天然痘に感染、生死をさまよった。九死に一生を得たが、晋作の顔には醜いあばたが残ってしまった。近所の子供達から「あずき餅」とあだ名を付けられ、からかわれた。

天狗のお面

萩の円政寺にある巨大な天狗の面を多くの子供は怖がっていたが、晋作はそのお面が大好きで子守りに背負われてよく見に来ていた。

目立ちたがり屋

目立つことが大好きで、背中に般若の顔がついた着物を着たり、長刀を地面にひきずって歩いたりしていた。

鼻輪を通さぬ暴れ牛

松下村塾時代の晋作は、「鼻輪を通さぬ暴れ牛」といわれるほど乱暴者で人望もなく、後輩の伊藤俊輔(後の伊藤博文)や山県狂介(後の山県有朋)などから恐れられていた。山県は晩年、「自分などはいつ何時、彼のために腹を切らされることがあるかもしれないと思って、絶えずその覚悟をしていた」と語っている。

藩の金

公金と私金の区別がつかない人物だったらしく、藩の金で軍艦を二度、購入しようとしたことも。長州藩は身に覚えのない莫大な金額の請求が来たときに絶句したという。

くじ引き

長州藩士、井上平右衛門の次女・雅子は、「萩城下一」といわれるほどの美女だった。雅子を嫁に欲しいとの希望が殺到したため、求婚者を3人に絞り込み、その3人をくじにして雅子に引かせると、晋作を引き当てた。そして晋作と雅子は結婚したが、晋作は結婚後も女遊びはやめず愛人まで作っていた。

晋作が亡くなるまでの7年間で、2人で過ごした時間は2年にも満たなかったという。

【名言】　◎おもしろき こともなき世を おもしろく(辞世の句・最後の言葉)

伊藤博文が弟分！

◎下関で愛人おうのさんに看取られ病死。正妻も子どもを連れて萩からお見舞いに来たらしい。話を聞いただけで大変！ 弟分だった伊藤博文が初代総理大臣になったことには晋作も驚いただろうね。

伊藤博文
[いとう ひろぶみ]

初代内閣総理大臣となった長州藩士

長州藩

1841年 ▼ 1909年

> 大いに屈する人を恐れよ、いかに剛にみゆるとも、言動に余裕と味のない人は大事をなすにたらぬ。

プロフィール

幕末の長州藩士。吉田松陰に学び尊王攘夷運動で活躍した。維新後の新政府で頭角を現し、内閣制度を創設して初代総理大臣に就任した。

34

その生涯と幕末の動乱

天保12(1841)年	9月2日、農家の長男として生まれる。
文久2(1862)年	イギリス公使館焼き討ちに参加する。
文久3(1863)年	イギリスに留学する。
明治4(1871)年	岩倉使節団に参加する。
明治14(1881)年	明治十四年の政変により、政府の最高位につく。
明治18(1885)年	初代内閣総理大臣となる。
明治33(1900)年	政友会結成、総裁に就任。
明治38(1905)年	初代韓国統監となる。
明治42(1909)年	10月26日、韓国人安重根に暗殺される。享年69。

幕末の動乱

1841年	天保の改革始まる
53年	ペリーが浦賀来航
67年	大政奉還
68年	戊辰戦争　五箇条の誓文
77年	西南戦争
85年	内閣制度創始
89年	大日本帝国憲法発布
1904年	日露戦争
10年	韓国併合

エピソード

体力
　生まれつき健康だった。肺活量も大きく、内臓も強く、体力も相当なものだった。

睡眠時間
　睡眠時間は3、4時間程度。理由は毎晩のように誰でも公私の別なく自宅に連れてきては酒を飲みながら話し込んでいたから。
　一度眠りにつくと、すぐに大いびきをかき始めたという。

歩くのが早い
　長州の後輩、桂太郎と夜明けまで飲み明かし、そのまま二人で散歩に出た時、伊藤の歩く速度が早かったため、軍人の桂が人力車を使ってようやく伊藤に追いついたという。

チェーンスモーカー
　チェーンスモーカーで知られ、執務室は煙で前も見えないほどだったという。葉巻を吸っている途中に火が消えると、その葉巻を捨てて、すぐに新しいものに火をつけていた。

女好き
　愛人の数は数えられないくらいいたといわれ自分の好みの女性はかならず口説いた。
　ときには、別荘に二人の女性を呼び、一人は隣室に待機させ、伊藤が枕元の鈴を鳴らすのが交代の合図だったという。
　明治のジャーナリスト、宮武外骨は「好色総裁」と呼び、明治天皇には「女遊びもほどほどにしろ」と言われた。

妻
　妻・梅子は夫の女遊びにはいっさい口を出さなかった。芸者を家に連れてくると梅子は彼女たちに宿泊の用意をしたという。さらに、愛人が生んだ子供の世話もしたという。

【名言】　◎今日の学問は全て皆、実学である。昔の学問は十中八九までは虚学である。

松下村塾の門下生！

◎松下村塾の門下生のなかでは下っ端で使いっ走りになっていた人です。
◎明治12（1879）年に、吉田松陰先生のお兄さん、民治さんに、入れ歯のお祝いの書を贈っているんだよ！。
　「たくあんを食べることができて、氷もかみ砕ける」と入歯装着のお祝いを述べるっていうのが何かイイなぁ。

大村益次郎【おおむらますじろう】

長州藩

1825年 ▼ 1869年

長州藩の軍事指導者として活躍し「日本陸軍の創始者」と称された

> 常識を発達させよ。見聞を広くしなければならぬ。小さな考えでは世に立てぬ。

プロフィール

幕末の長州藩士。適塾で緒方洪庵に学び医者でもあった。戊辰戦争を指揮して活躍。近代的な軍制の創設に努めた。

その生涯と幕末の動乱

文政8(1825)年	5月3日、周防国の医師の長男として生まれる。
弘化3(1846)年	緒方洪庵の適塾に入門。
嘉永6(1853)年	宇和島藩で蘭学を教授し、軍政改革も行う。
安政3(1856)年	幕府の蕃所調所、講武所に出仕する。
万延元(1860)年	長州藩で蘭学を教授し、洋式軍制改革を行う。
元治元(1864)年	四国連合艦隊との講和交渉にあたる。
慶応2(1866)年	第2次長州征討で参謀を務める。
明治元(1868)年	明治新政府に出仕して軍政事務を担当。戊辰戦争では彰義隊討伐を指揮する。
明治2(1869)年	兵部省が設置され、兵部大輔に任じられる。京都で攘夷派浪士に襲撃され、11月5日死去。享年45。

幕末の動乱

1825年	異国船打払令を発令
41年	天保の改革始まる
53年	ペリーが浦賀来航
58年	安政の大獄
64年	四国連合艦隊、下関砲撃
67年	大政奉還
68年	戊辰戦争　五箇条の誓文

エピソード

あだ名

火吹きダルマ。

ダルマのような容貌で一度見たら忘れられない外見をしていた。頭が極端に大きくて額も広く、眉毛も濃くて目はくぼんで鋭い目つきをしていた。

このあだ名は、周布政之助がつけたとも、高杉晋作がつけたともいわれている。

勉強

幼少期はずっと勉強ばかりしていた。18歳から医学や蘭学、算術などを学んだのち、22歳頃から約5年間、大阪の緒方洪庵が主催する適塾で勉強した。同門には福沢諭吉や大鳥圭介がいた。

私生活

私生活はとても質素。芸者遊びも愛人を囲うこともなかった。26歳で結婚している。

三きらい

「船、洋服、写真」は三嫌いとして知られている。「写真は悪いものではない」と言いつつ、自分を写したものを撮ろうとしなかった。その容姿に原因があったのでは?ともいわれている。

現時点で大村益次郎本人と確認できる写真は一枚も残っていない。その風貌についてはキヨッソーネの「肖像画」に描かれているが、本人を前にした「写生画」ではなく大村の死後、生前の大村を知る人の意見を参考にして描かれたもの。

豆腐好き

大好物は豆腐。晩酌の肴は決まって冷や奴。大村門下生の山田顕義(あきよし)が、函館戦争で戦功を立てて凱旋した時、大村はその労をねぎらおうと山田を自宅に招いた。呼んでおきながら膳の上にあるのは豆腐くらいで他にご馳走らしきものはない。山田は箸をとらずにいると大村は山田に対し「豆腐には栄養がある。豆腐があれば十分であるのに、口に合わないというのは贅沢だ!」とたしなめたという。

【名言】 ◎君のため　捨つる命は　惜しからで　ただ思わるる　国の行末(辞世の句)

暗殺の系譜?

◎明治2年、神代直人(こうじろなおと)という男に暗殺された。ちなみに高杉晋作と伊藤博文も幕末期に神代直人に斬られていたかもしれないという話もある。

久坂玄瑞 〔くさかげんずい〕

長州藩

1840年 ▼ 1864年

高杉晋作と並び松下村塾の双璧といわれた長州藩士

> 私の志は、夜明けに輝く月のほかに知る人はいない。

プロフィール
幕末の長州藩士。吉田松陰に学び尊王攘夷運動で活躍した。吉田松陰が最も評価した弟子ともいわれている。

山県有朋 〔やまがたありとも〕

長州藩

1838年 ▼ 1922年

日本陸軍の基礎を築いて「国軍の父」と呼ばれた

> 弱い羊だけ群がっている世の中など嫌だ。

プロフィール
長州藩出身の軍人、政治家。高杉の奇兵隊を率いて倒幕運動で活躍。明治政府での要職を歴任し、近代軍制を確立した。

その生涯と幕末の動乱

天保11(1840)年	5月、藩医の家に生まれる。
安政3(1856)年	九州遊歴。吉田松陰に影響を受ける。
安政5(1858)年	江戸遊学。蘭学や医術を学ぶ。
文久2(1862)年	イギリス公使館焼き討ちに参加する。
文久3(1863)年	光明寺党を結成、これが奇兵隊のもとになる。
元治元(1864)年	7月19日、禁門の変で負傷し自刃。享年25。

幕末の動乱

1841年	天保の改革始まる
53年	ペリーが浦賀来航
58年	安政の大獄
64年	四国連合艦隊、下関砲撃

エピソード

大男で美声

約180センチの長身で、当時の平均身長が150センチ台だったので、かなりの大男だった。

声が大きく美声で、歌が趣味だった。

天下の英才

吉田松陰の「松下村塾」で学び、松陰に「天下の英才」と呼ばれる。同塾で一緒に学んでいた高杉晋作と「松下村塾の双璧」と呼ばれた。

◎松陰先生の妹を妻にしている。周りから「顔で女を選ぶ人だろう」と言われ、「顔では選ばない！」といって、「顔で松陰先生の妹と結婚。何と言っているのやら。（笑）松陰先生も妹に久坂をすすめたとか。◎親を早くに亡くしている久坂にとって松陰先生は師であり、友であり、父であったはず。

ごうる大木の立志幕末列伝

【名言】 ◎世のよし悪しはともかくも、誠の道を踏むがよい、踏むがよい。

その生涯と幕末の動乱

天保9(1838)年	閏4月22日、下級武士の家に生まれる。
慶応2(1866)年	第2次長州征討では奇兵隊を率い戦う。
明治6(1873)年	初代の陸軍卿に就任。軍制改革を進める。
明治22(1889)年	第1次内閣を組織する。
明治31(1898)年	第2次内閣を組織する。
大正11(1922)年	2月1日に病没。享年85。

幕末の動乱

1837年	大塩平八郎の乱
67年	大政奉還
77年	西南戦争
89年	大日本帝国憲法発布
94年	日清戦争（〜95）
1904年	日露戦争（〜05）

エピソード

性格

とても慎重で神経質。初対面では、ほとんど口をきかないほど用心深いが、自分を信用してくれる人とは太い絆で結ばれた。

庭園マニア

別邸、庭園マニアで知られ、現在の東京都文京区に1万8000坪の土地を購入、そこに本邸を建築し、「椿山荘」と命名。その他、東京に別宅が2軒、小田原に別宅が1軒、大磯に別邸が1軒、栃木にも農場を所有していた。

◎松下村塾生。西南戦争終結のあかし、西郷隆盛の首を最後に確認させたとか。胴体と首はきれいにさせたみたい。泥まみれの西郷隆盛をきれいにしてから首検分したしいね。首は泣かない。長州系の汚職をしていた西郷さんも複雑。

ごうる大木の立志幕末列伝

39

井上 馨
【いのうえ かおる】
1835年 ▼ 1915年

条約改正に尽力

長州藩

プロフィール
長州藩出身の政治家。伊藤博文とともに尊王攘夷運動で活躍。明治政府では条約改正に尽力した。

毛利敬親
【もうり たかちか】
1819年 ▼ 1871年

明治維新の原動力となった長州藩藩主

長州藩

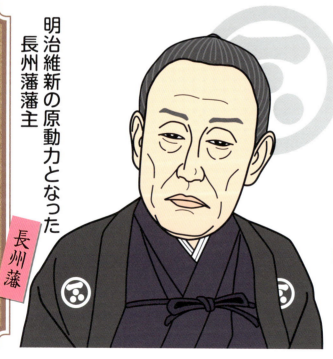

プロフィール
江戸後期、長州藩の第13代藩主。藩政改革を推進するために若い人材を登用し、幕末の長州藩を雄藩に成長させた。

その生涯と幕末の動乱

天保6(1835)年	11月28日、周防国の地侍家に生まれる。
文久3(1863)年	伊藤博文らと英国に留学。(長州ファイブとして)
慶応2(1866)年	第2次長州征討で参謀として活躍。
明治2(1869)年	明治新政府に出仕、地租改正などを推進。
明治18(1885)年	第1次伊藤内閣の外務大臣となり、欧化政策を推進して不平等条約改正を図る。
大正4(1915)年	9月1日、病没。享年81。

幕末の動乱

1837年	大塩平八郎の乱
53年	ペリーが浦賀に来航
67年	大政奉還
77年	西南戦争
85年	内閣制度創始

エピソード

性格

温厚で礼儀正しく世話好き。明治政府の要職についてからは少し短気になった。

陰で「雷親父」と呼ばれた。

創作料理

料理好きで、創作料理をつくっては友人を招き「美味しいから、食べろ」と押しつけて困らせていたという。

一度、皇太子(後の大正天皇)を別荘に招いて、創作料理を召し上がっていただいた。皇太子は、その時食べた料理で一番美味しかったのはタクアンだったという。

その生涯と幕末の動乱

文政2(1819)年	2月10日誕生。父は11代藩主毛利斉元(なりもと)。
天保8(1837)年	13代藩主となった後、村田清風を登用する。
元治元(1864)年	第1次長州征討が起こると禁門の変を起こした家臣を処罰して、幕府に恭順の意を示す。
慶応2(1866)年	第2次長州征討で幕府軍に勝利する。
慶応3(1867)年	討幕の密勅を受ける。
明治4(1871)年	3月28日没。享年53。

幕末の動乱

1825年	異国船打払令を発令
41年	天保の改革始まる
64年	四国連合艦隊、下関砲撃
66年	薩長同盟成立
67年	大政奉還
71年	廃藩置県

エピソード

師匠は11歳下の松陰

藩主でありながら、11歳も年下の下級武士の息子である吉田松陰に師事したことで知られる。

木綿服

藩主に就任した頃、長州藩は財政難に苦しんでいた。それを知っていた敬親は、木綿服を着て質素な振る舞いでお国入りをしたため、民衆に感激された。

◎「そうせい」と言ってくれるお殿様。やりたいことが明確な部下からしたら、理想的な上司。松陰先生の吉田松陰を気にかけているんだけど……。いいことだよね!

どる大木の幕末列伝

【名言】 ◎もし、幕末のあの時期に、倒幕派か、あるいは佐幕派のどちらか一方に加担していたならば、自分は間違いなく殺されていただろう。

村田清風 [むらたせいふう]

長州藩

1783年 ▼ 1855年

長州藩の財政再建を担った改革派

プロフィール
江戸後期、長州藩の財政改革を担当した家老。藩債の整理と専売品の管理、越荷方（藩直営の商業施設）の新設などを推し進めた。

周布政之助 [すふまさのすけ]

長州藩

1823年 ▼ 1864年

村田清風を継承し、藩政改革を実施した

プロフィール
幕末の長州藩士。藩政務役筆頭となり、村田清風の影響を受けて藩政改革に尽力した。松下村塾の門下であった高杉や木戸を重用した。

品川弥二郎 [しながわやじろう]

長州藩

1843年 ▼ 1900年

松下村塾で学び、尊王攘夷運動に奔走

プロフィール
幕末から明治維新期の長州出身の政治家。松下村塾に学び尊王攘夷運動に活躍した。新政府では内閣に入り、激しい選挙干渉を行った。

その生涯と幕末の動乱

天明3(1783)年	長州藩士村田家に生まれる。
文化5(1808)年	藩主毛利斉房の小姓として仕える。
天保9(1838)年	毛利敬親のもとで藩政改革に取り組む。
安政2(1855)年	持病である中風が再発して死去。享年73。

幕末の動乱

1808年	間宮林蔵、樺太探検
41年	天保の改革始まる
53年	ペリーが浦賀来航

【名言】◎実技のやれない者は理論を言うな。
理論に通ぜぬ者は実技を論ずるな。
◎術は西洋を学ぶべし。
◎入るを量って出するを為すの外、富国強兵はこれなきなり。

その生涯と幕末の動乱

文政6(1823)年	3月23日誕生。生後6か月で家督を継ぐ。
嘉永6(1853)年	藩政の中心となり、改革を推進。
文久3(1863)年	攘夷決行が認められると帰国して外国船を砲撃。
元治元(1864)年	9月25日、禁門の変などの責任をとって自刃。享年42。

幕末の動乱

1825年	異国船打払令を発令
53年	ペリーが浦賀来航
58年	安政の大獄
64年	四国連合艦隊、下関砲撃

エピソード

酒

酒癖が悪いことで有名だった。酒に酔って土佐藩前藩主の山内容堂に暴言を吐き、謹慎処分を受けたことがある。

酔っぱらった勢いで、投獄中だった高杉晋作に会い行き、門番の前で刀を振り回す大立ち回りをして、再び謹慎処分を受けた。

その生涯と幕末の動乱

天保14(1843)年	閏9月29日、長州藩士の家に生まれる。
文久2(1862)年	イギリス公使館焼き討ちに参加。
明治2(1869)年	函館の榎本武揚ら旧幕府軍の鎮圧にあたる。
明治25(1892)年	第2回総選挙で選挙干渉を行う。
明治33(1900)年	2月26日、病没。享年58。

幕末の動乱

1853年	ペリーが浦賀来航
68年	戊辰戦争　五箇条の誓文
89年	大日本帝国憲法発布
94年	日清戦争(〜95)

エピソード

チョコレートドリンク

森鷗外と初対面のとき、胃病だったために憔悴していてお酒が飲めず、チョコレートドリンクばかり飲んでいたという。

感情豊か

感情豊かな面を持ち、山県有朋が内務大臣就任を要請したが、固辞し失踪、説得されても泣いて嫌がったという。

長州ファイブ（長州五傑）

文久3（1863）年、幕末の長州藩がイギリスに密航させた5人の留学生をこう呼びます。文久3年といえば攘夷の勢力が強まり、長州藩では下関戦争、薩摩藩では薩英戦争があった年でもあります。5人の留学生は、井上馨（井上聞多：後の外務卿）、伊藤博文（伊藤俊輔：後の総理大臣）、山尾庸三（後の工部卿）、遠藤勤助（後の大阪造幣局長）、井上勝（後の鉄道局長）で、いずれも明治維新後の日本でさまざまな分野に活躍した人たちです。

密航は、イギリスのジャーディン＝マセソン商会（当時の中国に基盤をもつ商社）が仲介し、長州藩の周布政之助の強い後押しにより実現したといわれています。

> 山尾庸三は、造船技術が学びたくて、1866年にはロンドンからグラスゴー（スコットランド）へ移ったんだけど、旅費が足らず、同じ時期にイギリスに留学していた薩摩スチューデント（→24ページ）の16人たちが、カンパして助けたらしい！"薩長同盟"がイギリスで結ばれたんだね。山尾は昼は造船所で働き夜は学校に通って勉強を続けた。造船所では聴覚障がい者たちの働く姿に、驚き、感銘を受けている。帰国後は、そうした障がい者の教育にも尽力し、学校を設立しているんだ。この人のおかげで、日本工業は育ったんだね。

山口県 維新史回廊だより21号（2014年3月）などより

土佐藩

土佐藩ってどんな藩？

土佐国土佐郡高知（現在の高知県高知市）に藩庁をおいた外様藩。江戸幕府の幕藩体制下では土佐国（高知県）一国を領有した。藩主は山内氏。

石高は当初、20万2600石だったが、新田開発により明治初年には49万石以上に達した。

江戸中期から後期までに藩の財政改革をすすめ、財政を立て直したことから、幕末の日本では薩摩藩や長州藩、肥前藩とともに指導的な役割を果たす、西南の雄藩となった。

坂本竜馬	46
山内容堂	50
ジョン万次郎	52
吉村寅太郎	56
吉田東洋	56
後藤象二郎	58
谷　干城	58
中岡慎太郎	60
板垣退助	60
武内半平太	62
福岡孝弟	62
岩崎弥太郎	64

その生涯と幕末の動乱

			幕末の動乱
天保6(1835)年	郷士の次男として生まれる。	1837年	大塩平八郎の乱
嘉永6(1853)年	江戸へ出て、北辰一刀流千葉定吉の門に入る。	53年	ペリーが浦賀来航
文久元(1861)年	武市半平太が土佐勤王党を結成すると参加。	58年	安政の大獄
文久2(1862)年	勝海舟の門下に入る。		
慶応元(1865)年	亀山社中(のちの海援隊)をつくり、海運・貿易に従事する。	64年	四国連合艦隊、下関砲撃
慶応2(1866)年	薩長同盟を成立させる。	66年	薩長同盟成立
慶応3(1867)年	4月に海援隊長に任命される。6月に「船中八策」を後藤象二郎に提示。11月15日、京都の近江屋で中岡慎太郎とともに暗殺される。享年33。	67年	大政奉還
		68年	戊辰戦争 五箇条の誓文

エピソード

名前

竜馬誕生前夜、母・幸は「雲流奔馬(登り竜と駿馬)」の夢を見たという。生まれた赤ちゃんの背中には、たてがみのような毛が生えており、父・八平はこのふたつを吉兆とみて名前を「竜馬」と名付けた。

雨

子供の頃、仲間たち数人と道を歩いていたら突然、雨が降ってきた。竜馬以外は「雨だ」といって駆け出したのに対し、竜馬はひとりゆっくりと歩いていた。仲間たちから「おーい、雨だぞ走れ」と呼びかけられた竜馬は「走ったって雨だ」といい、濡れながら平然と歩き続けたという。

訓戒書

竜馬が18歳のとき、江戸留学に際して父・八平が渡した訓戒書。

★片時も忠孝を忘れず修業第一のこと。

★いろいろなものに目移りし、金銭を浪費しないこと。

★色情に溺れ、国家の大事を忘れて心得違いをしないこと。

この三ヶ条の心得が記されていた。竜馬は「守」と表書きした紙にこの訓戒書を包み、2年後に父・八平が死去した後も父の教えを忘れない様に肌身離さず持ち歩いていた。

左手の怪我

薩長同盟を成立させた後、幕府から竜馬は危険視されていて、京都の寺田屋という旅館で襲撃されている。そのとき竜馬は拳銃を乱射して難を逃れたが、両手を損傷、左手人差し指の神経を切断する大怪我を負った。

はなたれ？

◎勝海舟いわく「なんとなく冒しがたい威厳があって、よい男だったよ」と。勝先生も弟子が現代では小説・ドラマ・映画のヒーローになるなんて思ってもいないだろうね。

◎子どもの頃は「はなたれ」と呼ばれ、寝小便も10歳過ぎまでして、気が弱かったらしい。

◎誰の言うこともきかない不良少年も竜馬の言うことはきいたという話がボクは好きだ。暗殺された時に鞘ごと受けた刀・吉行を京都国立博物館に見に行った。何だかコーフンして一歳の泣いてる娘にも無理矢理見せたよ。「泣きたいのは竜馬の方だ！」ってね。

【坂本竜馬の名言】

◎ 義理などは夢にも思ふことなかれ 身をしばらるるものなり。
◎ 事は十中八九まで自らこれを行い 残り一、二を他に譲りて功をなさむべし。
◎ 何の志も無きところに、ぐずぐずして日を送るは、実に大馬鹿者なり。
◎ 金より大事なものに評判というものがある。世間で大仕事をなすのにこれほど大事なものはない。金なんぞは評判のあるところに自然と集まってくるさ。
◎ 人の世に道は一つということはない。道は百も千も万もある。
◎ 人の諸々の愚の第一は他人に完全を求めるというところだ。
◎ 人として生まれたからには太平洋のようにでっかい夢を持つべきだ。
◎ 俺は落胆するよりも、次の策を考えるほうの人間だ。

坂本竜馬 ゆかりの地

●坂本竜馬誕生地 (高知県高知市)

●Map

誕生日の11月15日は命日でもある。

●海軍操練所跡碑 (神戸市中央区)

勝海舟が開いた幕府の海軍教育機関で，竜馬も設立に尽力して塾頭になった。

●Map

●寺田屋
(京都市伏見区)
●Map

薩長同盟成立直後，この船宿で幕府の役人に襲われたが，お竜の機転で難を逃れた。

●近江屋跡 遭難の地碑
(京都市中京区)

下宿していた醤油商。中岡慎太郎とともに幕府見廻組に暗殺された場所。

●Map

●亀山社中 (長崎県長崎市)

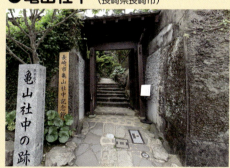

日本で最初の商社といわれる。ここを拠点に海運・貿易業を行い，長州藩のために薩摩藩名義で蒸気船を購入した。

●Map

山内容堂

【やまうち ようどう】

大政奉還を徳川慶喜に提案した
酒豪の土佐藩主

土佐藩

1827年
▼
1872年

酒は固より欠くべからず。
吾言わず、之を温む。

プロフィール

幕末の土佐藩主。後藤
象二郎が進言した大政
奉還を、15代将軍徳
川慶喜に建議した。福
井の松平春嶽、宇和島
の伊達宗城、薩摩の島
津斉彬との交流を持ち
幕末の四賢侯と称され
た。

その生涯と幕末の動乱

文政10(1827)年	10月9日、藩主山内氏の分家に生まれる。
嘉永元(1847)年	第15代藩主となる。
嘉永6(1852)年	黒船来航を機に吉田東洋らを登用して藩政改革を推進した。
安政6(1859)年	家督を譲って隠居したが、安政の大獄により幕府から謹慎を命じられる。
文久2(1862)年	謹慎を解除され幕政改革・公武合体に尽力する。
元治元(1864)年	参与会議の意見対立に絶望し病気を理由に高知に退く。
慶応3(1867)年	大政奉還を将軍徳川慶喜に建白する。
明治5(1872)年	病を発し、6月21日没。享年46。

幕末の動乱

1825年	異国船打払令を発令
41年	天保の改革始まる
53年	ペリーが浦賀来航
58年	安政の大獄
64年	四国連合艦隊、下関砲撃
66年	薩長同盟成立
68年	戊辰戦争　五箇条の誓文
71年	廃藩置県

エピソード

15代藩主

土佐藩主・山内家の分家の長男として生まれたため、元々藩主となる予定はなかったが、13代山内豊熈(とよてる)、14代山内豊惇(とよあつ)と相次いで急死してしまったため、15代藩主となった。青年時代はあまり勉強をしなかったため、それまでの自分を悔やみ、15代藩主になってからは読書をするようになった。

性格

短気でプライドが高い。人を見る眼識は高いといわれた。

お酒

青年時代からお酒ばかり飲んでいたといわれるほど酒好きで知られ、酒を飲んでいるときは情に流されて意見がコロコロ変わり、「酔えば勤王、覚めれば佐幕」と揶揄されていた。

趣味

酒と女遊びと詩を読むこと。晩年は東京で妾を十数人も囲ったり、歌舞伎役者の市川団十郎一座を借り切り、酒と女に溺れて過ごしたという。日に3升もの酒を飲んだこともあったといわれ、死因も飲酒による脳溢血だった。

大政奉還を建白

1867年、坂本竜馬の発案「船中八策」を後藤象二郎から進言され、徳川慶喜に大政奉還を建白したといわれている。

「酔って候」

◎1863(文久3)年、天候の都合で伊豆下田に居留中、勝海舟と坂本竜馬も伊豆下田にいた。海舟は竜馬の土佐藩脱藩の許しをもらいに行ったのだが、容堂は酒の飲めない海舟に、飲んだら許してやると言ったそうだ。

ならばグイッと海舟。コレで話がまとまる男と男の時代。あとは柳ジョージの「酔って候」を聴いてくれ！

ジョン万次郎
【じょんまんじろう】

土佐藩

1828年 ▼ 1898年

日米和親条約の締結に尽力し、通訳や教師としても活躍

「人間は、すべての能力によって用いられるべきだ。」

プロフィール

幕末から明治にかけての土佐出身の人物。中浜万次郎とも称した。漂流によってアメリカに渡り、日本に戻って日米和親条約の締結に尽力し、通訳・教師などとしても活躍した。

その生涯と幕末の動乱

		幕末の動乱	
文政11(1828)年	幡多郡中ノ浜の漁師の家に生まれる。	1825年	異国船打払令を発令
天保12(1841)年	漁の最中に遭難、アメリカ捕鯨船に救われ、アメリカに上陸してジョン・マンの名で教育を受ける。	41年	天保の改革始まる
嘉永3(1850)年	アメリカ船に便乗して琉球に上陸、嘉永5年に土佐藩に引き渡され、中ノ浜に帰着。		
嘉永6(1853)年	幕府に召され、韮山代官江川太郎左衛門の手付となる。	53年	ペリーが浦賀来航
万延元(1860)年	通訳として咸臨丸で渡米。		
明治2(1869)年	開成学校(現東京大学)で英語を教授する。	68年	戊辰戦争　五箇条の誓文
明治31(1898)年	11月12日、東京京橋で没する。享年71。	94年	日清戦争(〜95)

エピソード

生い立ち

8歳の頃に父が亡くなり、家は貧しく、母と兄が病弱だったため、幼い頃から働いて家族を養っていた。寺子屋に通う余裕はなかったため、アメリカに行くまで読み書きがほとんど出来なかった。

ジョン・マン

14歳の頃、お手伝いで出漁中に遭難、アメリカの捕鯨船ジョン・ハウランド号に救助されて米国で教育を受ける。船の名前をとってジョン・マンと呼ばれるようになった。

英語

アメリカ帰りのジョン万次郎は土佐藩で重宝された。藩校「教授館」の教授に任命され、そこで英語などを教え始める。この時、後藤象二郎、岩崎弥太郎などに教えたという。

1853年、ペリーが来航すると、幕府から江戸に来てほしいと要請を受ける。そこで旗本の身分が与えられ中浜姓を名乗ることを許された。

維新後、開成学校(現・東京大学)の英語教授に就任、生涯、日本とアメリカの橋渡しに貢献した。

歌好き

アメリカで歌好きになり、時折、アメリカで覚えた曲を歌っていて咸臨丸の船上でも皆に歌を披露していた。アメリカの児童が歌う「ABCの歌」を、勝海舟や福沢諭吉に歌って教えたという。

ジョン万次郎

1938年、作家の井伏鱒二が「ジョン萬次郎漂流記」で直木賞を受賞。この小説の題名で「ジョン万次郎」という呼称が広まり、定着した。それ以前にはこの呼び名は使われていない。

神様の手配？

◎この人ほど不思議な人生はない。神様が何も知らない若者を手配したとしか思えない。

◎本人にその気もないのにアメリカ本土へ学校へ通い、捕鯨船で働き、ゴールドラッシュで金を貯め、ハワイで仲間と合流して、琉球、薩摩、長崎出島、土佐で幕府のとり調べを受け、そこで母と10年ぶりに再会。万次郎が死んだと思っていた母は墓も建てていて何が何だか！帰国してから、パンにコーヒーだよ！最期は銀座で亡くなった。書ききれない！

→2013年にジョン万次郎資料館の名誉館長に就任（ビビる大木さん）

ジョン万次郎の漂流地図

― ジョン・ホーランド号に救助されて、無人島からホノルル、ギルバート、グアムを経て再び無人島付近までの航路。
― 無人島付近から三陸沖を経て、ホノルルに入港できないでタヒチ、フィジー、グアムを経てフェアヘーブンに至る航路。

万次郎が仲間と漁に出て遭難し、無人島「鳥島」に漂着した。無人島生活を143日すごしてアメリカの捕鯨船ジョン・ホーランド号に救助されてから、フェアヘーブンに至るまでの航路を示した。漁師仲間とホノルルで別れ、万次郎は捕鯨船員としてアメリカに渡る決心をしたが、タヒチやグアムなどに寄港し、フェアヘーブン到着は1年4カ月後であった。

ジョン万次郎資料館

私が名誉館長です

- 所在地　高知県土佐清水市養老303
　　　　海の駅あしすり内の施設
- 開館時間　8時30分から17時（定休日　無し）
- 入場料　大人400円　小・中学生200円　団体割引有り（15名以上2割引）
- 連絡先　土佐清水市観光協会　電話：0880-82-3155

ジョン万次郎の漂流から帰国までをわかりやすく展示し、帰国後のその生涯も丁寧に紹介されています。

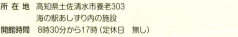

写真協力：土佐清水市観光協会

ジョン万次郎 ゆかりの地

●生誕地（高知県土佐清水市）

中浜の漁師の家に生まれた。生家も復元されている。足摺岬の先端に銅像もある。

●Map

●万次郎銅像

●学校・教会
（アメリカ合衆国マサチューセッツ州フェアヘーブン）

漂流していた万次郎を救った船長の家や，万次郎が船長の家族と通った教会，航海術を学んだ学校の建物などが残る。

●Map

●雑司ケ谷霊園
（東京都豊島区）

墓は，もとは谷中の寺院にあったが，のちに雑司ケ谷霊園に移された。

●Map

●軍艦操練所
（東京都中央区）

築地の講武所内に置かれた江戸幕府の海軍兵学校。万次郎はここで教授を務めた。

●Map

55

吉村寅太郎　[よしむら とらたろう]

土佐藩　1837年 ▼ 1863年

尊王攘夷の急先鋒として天誅組をつくった

プロフィール
幕末の土佐藩士。尊王攘夷の思想を持ち、天誅組に所属した。

吉田東洋　[よしだ とうよう]

土佐藩　1816年 ▼ 1862年

山内容堂に信頼され藩政改革に努めた

プロフィール
幕末の土佐藩参政として藩政を担い藩政改革を進言した。公武合体派。

その生涯と幕末の動乱

- 天保8(1837)年　4月18日、庄屋の長男として誕生。
- 文久元(1861)年　土佐勤王党に参加。
- 文久2(1862)年　寺田屋事件に関係して捕らえられる。
- 文久3(1863)年　天誅組を結成して挙兵するが、大和国鷲家口で戦死する。享年27。

幕末の動乱
- 1837年　大塩平八郎の乱
- 53年　ペリーが浦賀来航
- 58年　安政の大獄
- 64年　四国連合艦隊、下関砲撃

エピソード

ハンサム
志士の中でもハンサムで、ひと際目立っていたそうで、「おくに」という娘と恋愛をして青春時代を楽しんだといわれる。

土佐四天王
坂本竜馬、中岡慎太郎、武市半平太とともに「土佐四天王」と呼ばれている。

残念大将
鷲家口の戦いで逃げ場をなくし、敵に発見された時、「武士の情けによって切腹を許されよ」と言ったが、それが許されずハチの巣のように銃弾を受け戦死。その時に寅太郎の口から出た言葉が「残念！」だったことから「残念大将」と呼ばれるようになった。

この人は土佐藩最初の脱藩浪人だね。

ヒゲる大木の幕末列伝

その生涯と幕末の動乱

- 文化13(1816)年　高知城下に生まれる。
- 嘉永6(1853)年　参政(仕置役)に起用される。
- 安政元(1854)年　免職となり、少林塾を開き後藤象二郎らを教育する。
- 安政4(1857)年　復職して「新おこぜ組」を登用し、藩政改革を指導。
- 文久2(1862)年　4月8日、下城途中、土佐勤王党員によって暗殺される。享年47。

幕末の動乱
- 1825年　異国船打払令を発令
- 53年　ペリーが浦賀来航
- 58年　安政の大獄
- 64年　四国連合艦隊、下関砲撃

エピソード

派手
派手好みで知られ、緋縮緬の袖がついた長襦袢をいつも着込んで麝香を懐に入れていたという。

性格
頑固、短気。感情が激しいことでも知られた。発作的に人と争う癖があった。

海外に詳しい
海外事情に非常に詳しく、先を見通す眼を持っていたといわれている。

後藤象二郎
[ごとう しょうじろう]

土佐藩

1838年 ▼ 1897年

坂本竜馬が提案した大政奉還を山内容堂に伝え実現させた

プロフィール
幕末から維新にかけての土佐出身の政治家。大政奉還を前藩主の山内容堂に進言した。また、明治初期の自由民権運動では、民撰議院設立建白書を提出した。

谷 干城
[たに たてき（かんじょう）]

土佐藩

1837年 ▼ 1911年

西南戦争で熊本城攻防戦を指揮

プロフィール
幕末から明治初期に活躍した土佐出身の軍人、政治家。西南戦争では新政府軍の司令官として戦った。

その生涯と幕末の動乱

天保9(1838)年	3月19日、土佐藩士の長男として誕生。
文久3(1863)年	江戸の開成所で学ぶ。
慶応3(1867)年	大政奉還の建白書を提出する。
明治7(1874)年	民撰議院設立建白書を提出する。
明治20(1887)年	大同団結運動を主導する。
明治22(1889)年	黒田内閣の逓信大臣に就任。
明治30(1897)年	8月4日、死去。享年60。

幕末の動乱

1837年	大塩平八郎の乱
53年	ペリーが浦賀来航
67年	大政奉還
71年	廃藩置県
89年	大日本帝国憲法発布
94年	日清戦争(～95)

エピソード

幼少期
11歳の時に父を亡くし、義理の叔父・吉田東洋に育てられる。その後、吉田東洋が開いた私塾「少林塾」で学ぶ。「少林塾」の生徒には板垣退助、岩崎弥太郎、福岡孝弟などがいた。

世界地図
ジョン万次郎が土佐に戻った際、吉田東洋邸に招かれた万次郎から世界地図を譲り受ける。その地図で海外の知識を得た。

○明治時代、パリのルイ・ヴィトン本店でカバンを購入したらしい。本人の記帳も残っているとか。

その生涯と幕末の動乱

天保8(1837)年	2月12日、高岡郡窪川村に生まれる。
明治元(1868)年	土佐藩兵とともに戊辰戦争に従軍。
明治4(1871)年	政府に出仕して陸軍に入る。
明治10(1877)年	西南戦争で活躍する。
明治20(1887)年	政府の欧化政策を批判し、農商務大臣を辞任。
明治44(1911)年	5月13日東京市ヶ谷の自邸で病没。享年75。

幕末の動乱

1837年	大塩平八郎の乱
67年	大政奉還
71年	廃藩置県
89年	大日本帝国憲法発布
1904年	日露戦争(～05)

エピソード

坂本竜馬
坂本竜馬を尊敬し、竜馬が暗殺されたときは現場にいち早く駆けつけたことで知られている。瀕死の状態だった中岡慎太郎から襲撃時の詳細を聞き出し、生涯をかけて竜馬の暗殺犯を追ったという。

近藤勇
坂本竜馬暗殺は事件当初から新撰組が実行犯、黒幕は紀州藩と考えていて、戊辰戦争で捕縛した新撰組局長、近藤勇の処遇をめぐって薩摩藩と対立し、谷の強い意向で処刑させたといわれている。

○西南戦争で熊本城を西郷軍から守った人。

中岡慎太郎 【なかおか しんたろう】

薩長同盟締結の立役者

土佐藩

1838年 ▼ 1867年

涙を抱えて、沈黙すべし。

プロフィール
幕末の土佐藩士。薩長同盟、薩土盟約などの締結に尽力した。

板垣退助 【いたがき たいすけ】

明治政府で自由民権運動を主導

土佐藩

1837年 ▼ 1919年

板垣死すとも自由は死せず。

プロフィール
土佐藩出身の政治家。立志社や愛国社を結成して自由民権運動を牽引した。後には内務大臣にも就任して活躍した。

その生涯と幕末の動乱

		幕末の動乱	
天保9(1838)年	4月、安芸郡に生まれる。	1837年	大塩平八郎の乱
文久元(1861)年	武市半平太が土佐勤王党を結成すると加盟。	53年	ペリーが浦賀来航
元治元(1864)年	禁門の変に参加し負傷。	60年	桜田門外の変
慶応2(1866)年	薩長同盟を実現する。京都陸援隊を組織。	66年	薩長同盟成立
慶応3(1867)年	坂本竜馬とともに襲われて負傷、11月17日に死去。享年30。	67年	大政奉還

エピソード

幼少期

父から厳しいしつけを受け、4歳の頃には寺の住職から教えを受けた。7歳の頃、隣村の塾へ片道2時間かけて通いつめ、14歳で塾の講師代役を務めたという。また、20メートルもの高さのある崖から川に飛び込んだこともある。

笑顔の写真

中岡慎太郎が笑顔で写っている有名な写真

◎薩長同盟も坂本竜馬より早く考えていた人だと思う。顔にもイケメンだと評価されていた人。もっと評価されてもよい、幕末の志士である。「松陰先生死後もあるところが僕は好きだ」と言っているのも、松陰先生の弟子である。「松陰先生のことを聞いていたのかな」と想像するだけでコーフンものだね。

は左隅が黒く塗りつぶされている。理由は謎のままで、塗りつぶされている部分には芸者が写っていたのではないかといわれている。

その生涯と幕末の動乱

		幕末の動乱	
天保8(1837)年	4月17日、高知城下中島町に生まれる。	1837年	大塩平八郎の乱
明治元(1868)年	戊辰戦争で総督府参謀を務める。	67年	大政奉還
明治7(1874)年	政府に民撰議院設立建白書を提出。		
明治14(1881)年	自由党を結成する。	81年	国会開設の勅諭
明治29(1896)年	第2次伊藤内閣の内務大臣となる。	89年	大日本帝国憲法発布
明治31(1898)年	大隈重信とともに隈板内閣をつくる。	94年	日清戦争(〜95)
大正8(1919)年	7月16日に病没。享年83。		

エピソード

悪ガキ

幼少の頃は、あまり勉強が好きではなく、隣町の後藤象二郎とよく一緒に遊んでいた。2人ともとにかく悪ガキで、けんかもよくやった。蛇が苦手だった後藤に、板垣が棒きれに蛇をひっかけて追い回すと、後藤も負けじと、道端に落ちている牛や馬のフンを板垣に投げつけて応戦したという。

紙幣

政府紙幣の50銭札、日本銀行券の100円札に肖像が使われている。

◎戊辰戦争で日光東照宮には攻めないとした人。日光の恩人とでもいうべき人。◎建てられたレプリカで高知市立自由民権資料館などで見られる。◎岐阜で刺される由の「明治時代、名入りのカバンを持っていた人。イ・ヴィトンのカバンを持っていた人。」なんだってっちゃったら説明が受けがいいと言ったらしい。わらべがった本物がたっちゃったのよ。たわいない見たわ明治時代、名入りのカバンを。

61

武市半平太
【たけち はんぺいた】
1829年 ▼ 1865年

土佐藩

土佐勤王党の盟主

プロフィール
幕末の土佐藩士。瑞山とも称した。土佐勤王党を結成し、土佐藩を尊王攘夷に導いた。公武合体派の台頭により投獄された。

福岡孝弟
【ふくおか たかちか】
1835年 ▼ 1919年

土佐藩

後藤象二郎とともに大政奉還を実現

プロフィール
幕末の土佐藩士。後藤象二郎とともに大政奉還を実現させた。維新後は政府の参与として、五箇条の誓文の起草にも関与した。

その生涯と幕末の動乱

- 文政12(1829)年　9月27日、郷士の家の長男として誕生。
- 安政元(1854)年　高知に剣道場を開く。
- 文久元(1861)年　土佐勤皇党を結成する。
- 文久2(1862)年　吉田東洋を党員に暗殺させ、藩論を尊王攘夷に変える。
- 慶応元(1865)年　閏5月11日、切腹を命じられる。享年37。

幕末の動乱

- 1825年　異国船打払令発令
- 53年　ペリーが浦賀来航
- 63年　八月十八日の政変
- 67年　大政奉還

エピソード

地元のリーダー
幼少期から剣術の修業に夢中になり、正義感が強くいつの間にか子供たちの間で地元のリーダーになっていたという。

土佐勤王党
26歳で自身の道場を開くほどの剣術の腕前で、剣術道場の弟子たちを中心に尊王攘夷運動を行う政治団体「土佐勤王党」を結成。参加したのは192名で、坂本竜馬、中岡慎太郎、岡田以蔵などがいた。

あだ名
180センチの長身に、長いアゴが特徴。子供の頃から仲が良かった6歳年下の坂本竜馬が親しみを込めて「アゴ先生」と呼んでいた。

◎山内容堂がのちに武市半平太を死罪にしたことを悔やんだらしい。明治に入り、武市半平太という人材が欲しいと感じたのだろうね。

その生涯と幕末の動乱

- 天保6(1835)年　2月5日、土佐藩士の家に生まれる。
- 慶応3(1867)年　大政奉還を実現させる。
- 明治元(1868)年　五箇条の誓文の起草に関与する。
- 明治14(1881)年　参議に昇任する。
- 大正8(1919)年　3月7日に没するまで枢密顧問官。享年85。

幕末の動乱

- 1837年　大塩平八郎の乱
- 68年　戊辰戦争
- 81年　国会開設の勅諭

エピソード

美少年
若い頃は福岡藤次と名乗っていて、土佐藩で一番と言われるほどの美少年だった。

吉田東洋の門下生
若い頃から後藤象二郎、板垣退助らとともに吉田東洋に師事、吉田の少林塾で学問を学ぶ。

新おこぜ組
後藤象二郎らと若手革新グループ「新おこぜ組」を結成。吉田東洋の復職後に登用され、藩政改革に取り組んで反主流派の土佐勤王党を弾圧したが、1862年、吉田東洋が暗殺されて失脚した。

岩崎弥太郎 [いわさき やたろう]

土佐藩

1835年 ▼ 1865年

三菱財閥の基礎を築いた土佐藩士

> 小僧に頭を下げると思うから情けないのだ。金に頭を下げるのだ。

その生涯と幕末の動乱

天保5(1834)年	12月11日、安芸郡井ノ口村に生まれる。
安政6(1859)年	吉田東洋の推挙によって長崎に赴く。
明治6(1873)年	三菱商会をつくり社長となる。
明治7(1874)年	台湾出兵の際、軍事輸送を担当する。
明治10(1877)年	西南戦争の際、軍事輸送を担当する。この後、事業を拡大して三菱財閥の基礎を築く。
明治18(1885)年	2月7日、病死。享年52。

幕末の動乱

1837年	大塩平八郎の乱
53年	ペリーが浦賀来航
67年	大政奉還
74年	民撰議院設立建白書
85年	内閣制度創始

エピソード

酒

酒好きで知られた。明治維新後、「人脈作りのため」と称して連日どんちゃん騒ぎを繰り広げ、札ビラを切って遊んでいたため、どの遊郭でも上客扱いされた。持病の頭痛や死因となった胃がんは、ストレスと過度の飲酒が原因といわれている。

商売哲学

商売上のモットーは「信用第一」。公私混同を嫌い、無駄と判断した支出はすべて拒否した。部下の教育も徹底していて、袴ではなく商人の礼服である前垂れをかけさせた。石川七財（しちざい）は、武士のプライドから商人は頭を下げるのを潔しとしなかったのに対し、弥太郎は「金に頭を下げると思えば腹が立たぬだろう」と言った。

肥前藩

肥前藩ってどんな藩?

肥前藩は鍋島藩、佐賀藩とも呼称される。肥前国佐賀郡佐賀(現在の佐賀県佐賀市)に藩庁をおいた外様藩。支藩に小城藩(現在の小城市)、蓮池藩(現在の佐賀市内)、鹿島藩(現在の鹿島市)がある。藩主は鍋島氏。

石高は35万7000石。長崎の警備を福岡藩とともに1年交代で担当したが、財政負担が大きかったといわれる。

江戸中期から後期までに、陶器・茶・石炭などの殖産興業による藩政改革に取り組み、幕末の日本では薩摩藩や長州藩、土佐藩とともに指導的な役割を果たす、西南の雄藩となった。

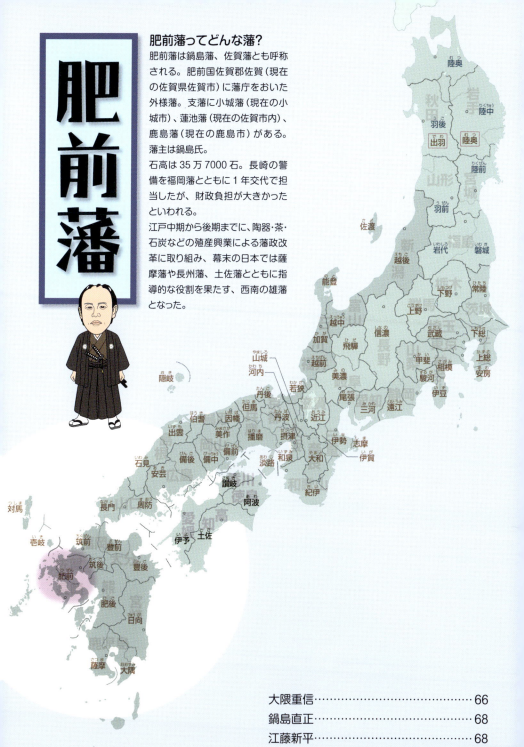

大隈重信……………………………… 66
鍋島直正……………………………… 68
江藤新平……………………………… 68

大隈重信

日本最初の政党内閣をつくった肥前藩士

【おおくま しげのぶ】

肥前藩

1838年
▼
1922年

失敗はわが師なり。失敗はわが大なる進歩の一部なり。

プロフィール

幕末から明治期に活躍した佐賀出身の政治家。条約改正や政党の設立に尽力し、初の政党内閣を組織した。東京専門学校(のちの早稲田大学)の創立者。

その生涯と幕末の動乱

天保9(1838)年	2月16日佐賀の会所小路に生まれる。
慶応元(1865)年	長崎に英語学校を開く。
慶応3(1867)年	大政奉還建白のために上洛するが、捕えられる。
明治6(1873)年	大蔵卿に就任する。
明治14(1881)年	明治十四年の政変で政府を去る。
明治15(1882)年	立憲改進党を結成し、東京専門学校(のちの早稲田大学)を創立する。
明治21(1888)年	伊藤・黒田内閣で条約改正交渉に尽力する。
明治31(1898)年	板垣退助とともに隈板内閣を組織する。
大正3(1914)年	第2次大隈内閣を組織し、第一次世界大戦に参戦する。
大正11(1922)年	1月10日早稲田の自宅で死去する。享年85。

幕末の動乱

1837年	大塩平八郎の乱
53年	ペリーが浦賀来航
67年	大政奉還
74年	民撰議院設立建白書
81年	国会開設の勅諭
89年	大日本帝国憲法発布
94年	日清戦争(〜95)
1904年	日露戦争(〜05)

エピソード

始球式

日本で初めて始球式のマウンドに立った人物。

1908年、日本に招かれたアメリカの野球チームと早稲田大学野球部が対戦した際、大隈は投手で始球式に参加。この時、大隈が投げたボールは大きくストライクゾーンから外れていたが、ボールにしてしまっては先生に失礼になると、バッターの学生がわざと空振りをしたという。

それ以来、日本の始球式では投手役の人に敬意を表して空振りするのが通例となっている。

怒らない

大隈の怒った姿を見た人物はほとんどいないといわれている。ある時、大隈は市島謙吉になぜ怒らないのかと尋ねられ、「何か気に障ることがあれば、まず好きな風呂へ入る。それでも怒りが鎮まらない時は、酒を一杯飲む。それでもだめな時は寝る。そうすれば一切の怒りはなくなってしまう」と答えた。

ヒゲ

江戸時代、幕府は一部を除き、ヒゲを生やすことを禁じる法度を出していた。明治になって、政府の役人はこぞってヒゲをたくわえ始めた。

大隈もヒゲを生やしてみたことがあったが、貧弱に見えてしまうため、「人間は穏やかに見えたほうがよい」と、それ以来、ヒゲを生やすのをやめた。

酒

大酒豪で知られ、伊藤博文、岩倉具視の3人で午前10時から午後10時まで飲み続け、6升分の酒を空けたという。

晩年は酒もやめ、客が来たら1〜2杯飲む程度であった。

義足

1888年、幕末に結ばれた不平等条約の改正のため、外務大臣に任命される。しかし、この交渉は困難を極め、閣議を終え帰宅するところを反対派から爆弾を投げつけられる。急いで当代一流の医師による手術が行われたが、右足の損傷の具合がひどく、右足は切断されることになってしまった。こんな大怪我を負いながらも、「狂気ではあるが、憎くはない」と、自害したテロリストの遺族に香典を贈り、霊前で追悼演説まで行ったという。

以後、死ぬまで32年間にわたり、義足を使用、現在、5本の義足が早稲田大学に保存されている。

【名言】 ◎諸君は必ず失敗する。成功があるかもしれぬけど、成功より失敗が多い。失敗に落胆しなさるな。失敗に打ち勝たねばならぬ。

鍋島直正
【なべしま なおまさ】
1815年 ▼ 1871年

肥前藩

「肥前の妖怪」と呼ばれた肥前藩藩主

プロフィール
江戸後期、殖産興業、軍備の近代化、均田制などの政策により藩政を改革した、肥前藩の藩主。陶磁器（有田焼）の専売も行った。

江藤新平
【えとう しんぺい】
1834年 ▼ 1874年

肥前藩

佐賀の乱の首領になるも、敗れて刑死された

プロフィール
幕末から明治初期に活躍した肥前藩出身の政治家。明治新政府において、司法制度の整備に尽力した。佐賀の乱を起こした首謀者とされている。

その生涯と幕末の動乱

文化11(1814)年	12月7日、肥前藩江戸藩邸に生まれる。	
天保元(1830)年	佐賀藩10代藩主となる。	
天保6(1835)年	直正を中心とする藩政改革派が藩の実権を握る。	
嘉永3(1850)年	洋式大砲の製造に着手し、反射炉を建設する。	
明治元(1868)年	戊辰戦争では新政府につく。	
明治4(1871)年	1月18日、東京の自宅で没する。享年58。	

幕末の動乱

1825年	異国船打払令を発令
37年	大塩平八郎の乱
41年	天保の改革始まる
53年	ペリーが浦賀来航
71年	廃藩置県

エピソード

天然痘を根絶に導く

　不治の病として恐れられ、佐賀藩内で流行していた天然痘を根絶するために、何の対策も打てずにいた幕府に先駆けてオランダから牛痘ワクチンを輸入し、当時4歳だった息子に試験した後、大坂の緒方洪庵にもこれを分け与え、以後ワクチン接種が大坂や江戸にも伝わり全国的に普及、天然痘を根絶に導いた。

医師免許発行制度の導入

　1834年に医学館を創設、1851年には全国で初となる医師免許発行制度を導入した。医学館は直正により「好生館」と名付けられた。

ニックネーム

　商人顔負けの財政手腕を振るったことから「そろばん大名」。また、「肥前の妖怪」とも呼ばれた。

その生涯と幕末の動乱

天保5(1834)年	2月9日、肥前国佐賀郡に生まれる。	
文久2(1862)年	尊王攘夷運動に参加し、謹慎を命じられる。	
明治5(1872)年	司法卿となり、司法制度の整備に尽くす。	
明治6(1873)年	征韓論争に破れて辞職する。	
明治7(1874)年	佐賀の乱を起こすが、敗れて4月13日佐賀城内で斬首される。享年41。	

幕末の動乱

1837年	大塩平八郎の乱
53年	ペリーが浦賀来航
67年	大政奉還
71年	廃藩置県
74年	民撰議院設立建白書

エピソード

若い頃

　父親が下級武士であったため、家の生活は困窮していたという。藩校の弘道館に入学した頃、髪の毛はぼさぼさでボロの着物を着ていた。

　いつも空腹状態で、「人智は空腹よりいずる」を口癖にしていた。

近代司法制度の父

　近代国家を目指し、司法の独立を主張。裁判所や検察機関の創設に尽力し、「近代司法制度の父」と呼ばれている。

◎佐賀の乱を起こすとき、西郷隆盛に相談しにそこに行った時、同じく西郷隆盛が立ち上がったらしい。佐賀の乱、西南戦争と、神風連の乱もしが、協力し合っていたらどうなっていたのかな??

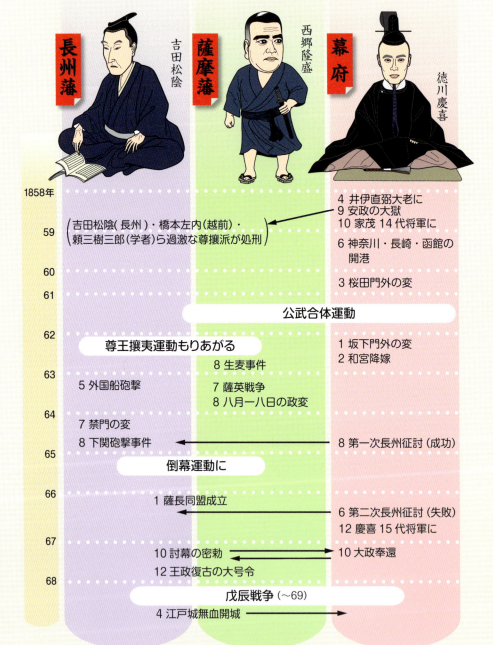

公家・幕府・幕末ゆかりの人々

幕末の京都（文久2年 新選京絵図）

幕末の京都の街には、幕府の役人や各藩の武士だけでなく、尊王攘夷の志を持つ脱藩浪士や佐幕派の志士なども集まり、開国後の日本の行方を思う人々の熱気にあふれていたに違いない。

岩倉具視	斎藤　一
三条実美	伊東甲子太郎
孝明天皇	福沢諭吉
徳川慶喜	宮部鼎蔵
徳川家慶	陸奥宗光
徳川家定	横井小楠
徳川家茂	河井継之助
和宮	佐久間象山
井伊直弼	緒方洪庵
勝 海舟	清河八郎
安藤信正	西　周
阿部正弘	梅田雲浜
山岡鉄舟	平野国臣
小栗忠順	伊達宗城
川路聖謨	真木和泉
長野主膳	江川太郎左衛門
堀田正睦	千葉周作
榎本武揚	黒駒勝蔵
水野忠央	清水次郎長
大鳥圭介	お登勢
天野八郎	坂本乙女
佐々木只三郎	楢崎竜
松平容保	木戸松子
松平春嶽	篤姫
橋本左内	山本八重
由利公正	マシュー・ペリー
徳川斉昭	タウンゼント・ハリス
会沢正志斎	ラザフォード・
藤田東湖	オールコック
武田耕雲斎	ハリー・パークス
近藤　勇	トーマス・ブレーク・
土方歳三	グラバー
沖田総司	アーネスト・サトウ

岩倉具視
【いわくら ともみ】

倒幕、明治新政府に尽力した公卿

公家

1825年 ▼ 1883年

> 成敗は天なり、死生は命なり、失敗して死すとも豈(あに)後世に恥じんや。

プロフィール
公家出身の政治家。薩長の倒幕派と結び王政復古の実現を果たした。明治新政府では岩倉使節団としてヨーロッパやアメリカを視察し、富国強兵、殖産興業の礎を残した。

その生涯と幕末の動乱

文政8 (1825)年	9月15日、京都の堀河邸で生まれる。
安政元 (1854)年	孝明天皇の侍従となる。
安政5 (1858)年	日米修好通商条約調印の幕府委任に反対。
文久2 (1862)年	和宮降嫁に尽力するが尊攘派に弾劾され、幽閉される。
慶応3 (1867)年	王政復古のクーデタを成功させる。
明治4 (1871)年	特命全権大使として欧米各国を訪問。
明治6 (1873)年	征韓論を退ける。
明治14 (1881)年	欽定憲法を政府の憲法制定方針とする。
明治16 (1883)年	7月20日、病没。享年59。

幕末の動乱

1825年	異国船打払令を発令
53年	ペリーが浦賀来航
64年	四国連合艦隊、下関砲撃
67年	大政奉還
68年	戊辰戦争　五箇条の誓文
71年	廃藩置県
74年	民撰議院設立建白書
81年	国会開設の勅諭
89年	大日本帝国憲法発布

エピソード

テラ銭稼ぎ

公家のなかでは下級に属し、その生活は困窮をきわめていた。

公家には幕吏の手がのばされないのをいいことに、屋敷に博徒を引き入れて博打を開張させ、テラ銭を稼いで生活費の足しにしていたという。

豪傑

公家ながらも豪傑として知られていた。どんな状況でも慌てることがなかったが、それどころか緊迫した場面でも平気で眠っていたという。

口喧嘩は強い

口喧嘩はめっぽう強く、議論になると相手をやりこめることが得意。

そのため、廷臣などから「岩倉の切り口上」と嫌われていた。

酒戦会

酒好きで知られ、和洋なんでも好んで飲んだ。

同じ酒好きの伊藤博文、大隈重信と料亭で、朝10時から夜10時までの12時間飲み続けて誰が最後まで残ることができるかを競う「酒戦会」を催したことがある。

飲んでいるうちに岩倉は伊藤と口論を始め、罵り合っているうちに伊藤が酔倒。「酒戦会」の結果は、翌日、大隈が政府に出てみると岩倉、伊藤ともに二日酔いで寝込んでいたので大隈が勝利したのだが、この3人で6升も飲んだという。

五百円札

1951年発行開始の日本銀行券五百円紙幣、1969年発行開始の同じく日本銀行券五百円紙幣の肖像画に採用された。紙幣の裏には富士山が描かれている。

【名言】　◎我が国小なりといえども誠によく上下同心その目的を一にし、務めて国力を培養せば、宇内に雄飛し万国に対立するの大業甚だ難しきにあらざるべし。

錦の御旗の作成者!

◎「ともみ」と読めず「ぐし」と読んでたよ。(笑)　錦の御旗を作ったコワい人というイメージ。

◎若大将・加山雄三さんの母方の先祖にあたる。以前、加山さんに「何か岩倉具視のこと聞いてますか?」とたずねたら、「全然知らない、興味ないんだよ〜」と笑ってた。さすが若大将!

三条実美

尊王攘夷派の公卿の中心人物

[さんじょう さねとみ]

1837年 ▼ 1891年

公家

> 世にならず鞆の港の竹の葉をかくて賞むるもめづらしの世や。

プロフィール

幕末の尊王攘夷派の公家。八月十八日の政変で失脚し、長州に逃れた。王政復古後は、明治新政府にて要職を歴任した。

その生涯と幕末の動乱

天保8(1837)年	三条実万の第四子として生まれる。
文久2(1862)年	公武合体派の公卿を弾劾し、排斥運動を行う。
文久3(1863)年	八月十八日の政変で長州へ下る七卿落ちとなる。
慶応3(1867)年	王政復古を機に帰京し、議定となる。
明治4(1871)年	太政大臣となる。
明治18(1885)年	内閣制度が実施され、太政大臣が廃止されると内大臣となる。
明治24(1891)年	2月18日、病死。享年55。

幕末の動乱

1837年	大塩平八郎の乱
53年	ペリーが浦賀来航
60年	桜田門外の変
64年	四国連合艦隊、下関砲撃
67年	大政奉還
71年	廃藩置県
74年	民撰議院設立建白書
89年	大日本帝国憲法発布

エピソード

性格
おだやかな性格だが、プライドが高く神経質なところもあったという。

おい小僧
下級公家の出身である岩倉具視が、公衆の面前で実美を「おい小僧」と呼び捨てたりしていた。

岩倉のほうが12歳年上だが、身分の低い者からそう呼ばれることに我慢できなかった。そのため2人は仲が悪かったが、中岡慎太郎の助力によって和解した。

酒は三升まで
三条家家訓として「酒は3升まで」とある。

キリスト嫌い
大のキリスト教嫌いで知られ、西南戦争当時、赤十字の標章を「耶蘇(キリスト教)のしるし」と嫌い日の丸の下に赤で横線を引いたマークになった。

高熱
1871年、天皇を補佐する政府の最高責任者、太政大臣に就任。1873年、征韓論をめぐる政府の対立では西郷隆盛や板垣退助らの征韓派と岩倉具視や大久保利通、木戸孝允らの征韓反対派の板挟みになって、高熱をだして倒れてしまい、岩倉具視を太政大臣代理とした。

【名言】　◎行けや、海に火輪を転じ(岩倉使節団が出発するときに贈った言葉)

八月十八日の政変
1863年8月18日、公武合体派の会津藩・薩摩藩と朝廷内の公武合体派が協力し、長州藩を中心とした尊王攘夷運動の過激派を京都から追放した事件。このとき、三条実美らの尊王攘夷派の公家7人(三条実美、三条西季知、四条隆謌、東久世通禧、壬生基修、錦小路頼徳、澤宣嘉)も京都を追放され、長州に逃れた(七卿落ち)。

尊王攘夷論
朝廷を尊ぶ伝統的尊王攘夷思想と、開国後に盛んになった排外思想が幕末のこの時期に結びついた政治的主張。思想的には水戸学や復古神道、また長州の吉田松陰の影響が強い。政治的には長州藩の下級武士や一部の公家らに支持された。薩英戦争・四国艦隊下関砲撃事件後は、尊王倒幕論に発展した。

その生涯と幕末の動乱

天保2(1831)年 6月14日、仁孝天皇の第四皇子として誕生。

弘化4(1847)年 即位する。

安政5(1858)年 幕府が勅許を得ずに日米修好通商条約を調印したのに対し、一時譲位を表明する。

万延元(1860)年 桜田門外の変後、和宮降嫁を認める。

文久3(1863)年 八月十八日の政変を承認し、三条実美らの公家と長州藩を京都から追放。

元治元(1865)年 禁門の変の後、長州征討を命じる。

慶応2(1866)年 長州征討が失敗に終わった後、崩御。享年36。

幕末の動乱

1825年 異国船打払令を発令

41年 天保の改革始まる

53年 ペリーが浦賀来航

60年 桜田門外の変

63年 文久の改革

64年 四国連合艦隊、下関砲撃

エピソード

貧乏

江戸時代の天皇家や公家はとても貧しかったといわれている。そこで、天皇がお使いになった箸を下賜するという商売をはじめる。

天皇陛下がお使いになった品を買いたいという人はかなり多くいて、天皇が使用済みの箸を売っていた。

食事も節約

ある大名から贈られた塩鮭が食事に出され、二切れのうち一切れだけ食べたところ、膳が運ばれそうになった。天皇は「残りの一切れは晩酌の肴にするので捨ててはならぬ」と命じたという。

外国人嫌い

外国人嫌いの原因とされるのが外国人が得体の知れないものとして伝わったことから。

来航したペリーの様子は「日本語が話せず、もずのさえずりのようにわけのわからないことを話している」と伝わった。

幕末日本のツートップ

◎政治利用してくる者が多いなか、会津藩主・松平容保を信用し、信頼していた。

長州と通じている女官が多くいたらしく、長州には気を許せなかったらしいね。

◎暗殺説もある。同じ年に14代将軍・家茂も病死。なので同じ年に国のトップ二人の死。当時から暗殺のウワサが出ていたらしい。大木、コワいよ。

幕末キーワード

日米修好通商条約

1858年、勅許を得ないままアメリカとの間に締結された、日本最初の通商条約。神奈川・長崎・新潟・兵庫の開港と江戸・大坂の開市（商取引をはじめること）を認めた。領事裁判権の承認と関税自主権の欠如は日本にとっては不平等な内容であるといえる。同様の条約をオランダ・イギリス・フランス・ロシアとも締結（安政の五か国条約）した。

徳川慶喜
[とくがわよしのぶ]

幕府

1837年 ▼ 1913年

大政奉還を決断した最後の将軍

> これからはお前の道を行きなさい。

大政奉還後、海外から帰国した渋沢栄一が静岡藩より出仕することを命ぜられたのを受けて掛けた言葉。

その生涯と幕末の動乱

天保8(1837)年	水戸藩主徳川斉昭の七男として、9月29日、江戸水戸藩邸に生まれる。
弘化4(1847)年	一橋家を相続し、名を慶喜と改める。
安政6(1859)年	井伊直弼により隠居・謹慎を命じられる。
文久2(1862)年	文久の改革で将軍後見職となる。
慶応2(1866)年	徳川家茂の死後、15代将軍となる。
慶応3(1867)年	大政奉還により将軍職を辞任する。
明治元(1868)年	鳥羽・伏見の戦いに敗れ、駿府(静岡県)で閉所謹慎となる。
明治2(1869)年	戊辰戦争終結後、謹慎が解除されたが、そのまま静岡に居住する。
大正2(1913)年	11月22日病没。享年77。

幕末の動乱

1837年	大塩平八郎の乱
41年	天保の改革始まる
53年	ペリーが浦賀来航
58年	安政の大獄
64年	四国連合艦隊、下関砲撃
67年	大政奉還
68年	戊辰戦争　五箇条の誓文
94年	日清戦争(〜95)
1904年	日露戦争(〜05)

エピソード

幼少期

父・徳川斉昭から虐待に値するスパルタ教育を受けるも気が強く、お灸をすえられ指がただれても「つまらない読書より痛いほうがマシだ」と、言っていた。

水泳が苦手

スポーツ万能の慶喜だったが、唯一不得手としたのが水泳。冷たい水が苦手で、周囲が気を遣って水浴の桶にお湯を入れ、鍛錬のため毎日子供たちに水泳をさせていた父・斉昭から叱られたことも。

慶喜は水泳を休むため、川に浮いていた死んだ魚のはらわたを食べて高熱を出し、泳ぎの稽古を休む許可をもらったという。

多趣味

写真撮影、歌曲、油絵、顕微鏡、弓道、手芸、将棋、囲碁、釣り、能楽、アウトドア、サイクリング、手裏剣などなど、多趣味で知られた。

とくに没頭したのが写真撮影。当時、写真を撮影する技術、現像する技術に関しては本などを頼りに自分で研究するしかなかったが、徹夜するほど熱中し、3冊の研究ノートを残している。

誕生日がいっしょ!

◎旧暦で僕と同じ9月29日生まれ。故郷・埼玉春日部市にもタカ狩りに来ていた。写真が趣味で、雑誌にも投稿していた。雑誌の編集長も気を使っただろうなぁ。元将軍が載せてほしいと送ってくるんだから。(笑)

◎1911年の日本橋の改修の時に、欄干に刻まれる「日本橋」の字を頼まれて書いたらしい。

◎勝海舟の仲介で1898(明治31)年に明治天皇と謁見。泣いたらしいよ。

◎明治になって、高幡不動にある近藤と土方の両雄の碑を揮毫してほしいと頼まれるが、返事をしなかったという話がある。新撰組に対する思いがそこにあるなぁ。涙。

徳川家慶【とくがわ いえよし】

ペリー来航直後に死去した幕府十二代将軍

幕府

1793年 ▼ 1853年

徳川家定【とくがわ いえさだ】

日米和親条約を締結した幕府十三代将軍

幕府

1824年 ▼ 1858年

その生涯と幕末の動乱

寛政5(1793)年	5月14日、生まれる。11代将軍家斉の次男。
天保8(1837)年	家斉が隠居した後、12代将軍となる。
天保12(1841)年	老中水野忠邦に天保の改革を行わせる。
弘化2(1845)年	阿部正弘を老中首座に登用する。
嘉永6(1853)年	ペリーの国書を受理するが直後の6月22日、死去。享年61。

幕末の動乱

1808年	間宮林蔵、樺太探検
37年	大塩平八郎の乱
41年	天保の改革始まる
53年	ペリーが浦賀来航

エピソード

第12代将軍
江戸幕府第12代征夷大将軍。在職期間約16年。45歳で将軍職を譲られたが、前将軍の父、家斉が大御所として実権を持っていて思うような政治が出来なかった。家斉が死ぬと、老中・水野忠邦を中心とした体制を構築。家斉派を追放して、天保の改革を行わせた。

子宝数
子どもは27人。歴代将軍の中では2番目に多く子宝に恵まれた。1番は第11代将軍家斉。

◎この人が将軍の時に黒船ペリーが来た。意外とみんな知らないけどね。
◎数年前、沖縄の民宿のおじいちゃんが「12代目の将軍が一番良かった」と言っていた。会ったことあるのかと思ってしまうくらい熱心でしたあれは何だったのかな？

その生涯と幕末の動乱

文政7(1824)年	4月8日、生まれる。12代将軍家慶の四男。
嘉永6(1853)年	13代将軍となる。
安政3(1856)年	篤姫(天璋院)を夫人に迎える。
安政4(1857)年	江戸城内でアメリカ総領事ハリスを引見。
安政5(1858)年	徳川慶福(家茂)を継嗣に決める。7月6日、江戸城で没する。享年35。

幕末の動乱

1825年	異国船打払令を発令
53年	ペリーが浦賀来航
54年	日米和親条約成立
58年	日米修好通商条約調印

エピソード

第13代将軍
江戸幕府第13代征夷大将軍。在職期間約5年。12代将軍、家慶の四男。兄弟がほとんど若くして亡くなっているため将軍職を継ぐ。篤姫を正室としたことでも知られる。

慶喜が嫌い
個人的に慶喜を嫌っていた。理由は美男子だから。幼少の頃に天然痘を患い、目の辺りにあざが残り、コンプレックスを抱いていたとも。

病弱
幼少のころから病弱だった。一説には脳性麻痺だったといわれ、ときどき顔が引きつったり目や口がけいれんすることもあったという。

◎アメリカ使節が江戸城に来た時に箱の上に座ってアメリカ側を迎え入れた。

徳川家茂
【とくがわ いえもち】

公武合体の推進に努めた幕府第十四代将軍

幕府

1846年 ▼ 1866年

和宮親子内親王
【かずのみや ちかこ ないしんのう】

公武合体で徳川家茂の正室となった

女性

1846年 ▼ 1877年

その生涯と幕末の動乱

- 弘化3(1846)年　閏5月24日、江戸の紀州藩邸で生まれる。
- 嘉永2(1849)年　紀州藩の藩主となる。
- 安政5(1858)年　14代将軍となる。
- 文久2(1862)年　江戸城において和宮との婚儀。
- 慶応2(1866)年　第2次長州征討中の7月20日、大坂城中で病没。享年31。

幕末の動乱

- 1841年　天保の改革始まる
- 53年　ペリーが浦賀来航
- 58年　安政の大獄
- 62年　文久の改革
- 66年　薩長同盟

エピソード

第14代将軍
江戸幕府第14代征夷大将軍。在職期間約7年9ヶ月。生まれつき病弱でありながら、13歳で将軍に就任。

おしどり夫婦
和宮を正室としたことでも知られる。家茂は和宮を一途に大切にし、多くの側室を置くことができる身でありながら一人の側室もおくことはなかった。

出かけた際には贈り物をしたり、体調を気遣う手紙を送ったりして、歴代将軍で最も仲の良い夫婦といわれた。

勝海舟
勝海舟とは互いに信頼関係があり、家茂が21歳の若さで亡くなった際、勝海舟は「徳川家、今日滅ぶ」とまで言わしめた。

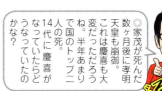

○家茂が死んだ数ヶ月後に孝明天皇も崩御。これはただ事ではないだろう。慶喜もあまり変わらないのに国のトップで14人もの死が。代々慶喜がどうなっていたらどうなっていたのかな？

エピソード

結婚
孝明天皇の妹として知られる。6歳のとき、有栖川宮熾仁親王と婚約をしたが、公武合体のため婚約を解消し、第14代将軍・徳川家茂のもとに嫁ぐことを決められた。最初は泣いて嫌がったが、兄の孝明天皇の苦しむ顔を見て最終的に受け入れた。

徳川家茂
同じ年の家茂はとてもやさしく、和宮にべっこうのかんざしや、金魚、着物など、たびたび贈り物をしたりして尽くした。和宮もまじめな家茂を愛するようになっていった。

篤姫にはつらくあたられたそうだが、その心をいやしてくれたのも家茂だった。

お百度参り
家茂が江戸を離れるとき、和宮は神社にお百度参りをして無事に戻ってくることを祈願した。

家茂の死
第2次長州征伐の前、家茂からお土産は何がいいかと聞かれ、和宮は京都の西陣織の着物を買ってきてほしいと頼んだ。だが、その遠征中に家茂は病死。西陣織の着物だけが届けられ、和宮はその着物を抱きしめ号泣したという。2人の結婚生活はわずか4年で終わった。和宮は朝廷に戻らず徳川家に残った。

晩年
幕府が倒れ、新政府軍が江戸城に迫ってきたときは、「徳川家を滅ぼすなら自分も死ぬ覚悟だ」と言い、新政府軍の攻撃をやめさせるために尽力した。その後、京都に戻り再び東京に帰った。

替え玉説
和宮の肖像画には左手が隠れていて、1958年の「和宮の墓地発掘調査」で、左手の遺骨が見つからなかったという。

明治に撮影された洋装の和宮の写真には両手が写っている。当時から家茂に嫁いだ和宮はじつは替え玉だったのではという噂があったといわれている。

井伊直弼 〔いいなおすけ〕

安政の大獄を起こし桜田門外の変に散った大老

幕府／彦根藩

1815年 ▼ 1860年

> 人は上なるも下なるも楽しむ心がなくては一日も世を渡ることは難しい。

プロフィール

江戸後期から幕末の彦根藩藩主。1858年、江戸幕府大老に就任し、日米修好通商条約に調印した。安政の大獄で尊攘派を弾圧したが、桜田門外の変で水戸藩の浪士に暗殺された。

その生涯と幕末の動乱

文化12(1815)年	10月29日、11代藩主直中の十四男として彦根城内で生まれる。5歳で母を失う。
嘉永3(1850)年	13代藩主となる。
嘉永6(1853)年	ペリー来航の際、開国を主張、攘夷を主張する徳川斉昭らと対立する。
安政5(1858)年	大老となり、日米修好通商条約を勅許なしで調印し、慶福(家茂)を将軍継嗣と公表。安政の大獄を断行する。
万延元(1860)年	3月3日、水戸脱藩士らに桜田門外で襲われて暗殺される。享年46。

幕末の動乱

1825年	異国船打払令を発令
37年	大塩平八郎の乱
41年	天保の改革始まる
53年	ペリーが浦賀来航
60年	桜田門外の変

エピソード

日米修好通商条約

1858年、米国は幕府に対し通商条約を結ぶことを求めていたが孝明天皇が反対していた。だが、井伊直弼が大老に就任すると日本に不利な条件だった通商条約を結ぶことを決断。もし、断って戦争にでもなれば日本は負けることがわかっていたためだった。

安政の大獄

1858年に起きた事件。天皇の許可なしで日米修好通商条約に調印し、次期将軍を決める後継問題では徳川家茂に決定。これらに反対する公家、大名、志士たちを大量に処罰した。

桜田門外の変

井伊直弼は安政の大獄のうらみを買い、1860年、江戸城の桜田門外で直弼の行列を尊王攘夷派の志士18人が襲い、直弼は駕籠から出されて殺された。幕府の権力が大きく衰えた事件でもあった。

怖がり

強引に力を振るって押し進めていったイメージがあるが、弱気な一面をのぞかせることもあった。

アメリカの要求に揺れる幕府内の情勢を知ったときには「恐ろしさのあまり薄氷を踏む思い」と自らの責任の大きさを親しい家臣に送った書状に書いている。

宿敵、徳川斉昭との関わりも「水戸殿に睨まれて、どのような災難が待ち受けているかわかったものではない」と怖がっていたという。

能狂言

多趣味で知られたが、能狂言もそのひとつで、自ら狂言の秘曲「鬼ヶ宿」、歌曲「筑摩江」を書き、演出するほどの域に達していたという。

【名言】 ◎足る事を知りて楽しむ快楽ならでは実の楽しみにあらず。

日本を守るため

◎吉田松陰先生好きな僕としては、安政の大獄をやった人なのだけれど、憎む気持ちはない。

直弼本人は処刑しなくてもいいと考えていたが、周囲の人間が処刑にふみきったという話もあるそうだ。

◎本人は開国派と思われがちだが、尊皇攘夷派らしい。ということは自分の考えは置いておいて、日本を徳川で守るためにはどうしたらいいか?で行動した人。うーむ、頭が下がります。

勝海舟

【かつかいしゅう】

幕府

1823年
▼
1899年

咸臨丸の艦長として
アメリカに渡った幕府官僚

人には余裕というものが無くては、とても大事はできないよ。

プロフィール
咸臨丸の艦長として太平洋を横断、帰国後は海軍の創設に尽力した。西郷隆盛と会見して江戸無血開城を実現した。

その生涯と幕末の動乱

文政6(1823)年	1月30日、江戸本所亀沢町に生まれる。
嘉永6(1853)年	ペリー来航に対し、幕府に海防意見書を提出。
安政2(1855)年	海軍伝習のために長崎に派遣される。
万延元(1860)年	咸臨丸を指揮して太平洋を横断する。
元治元(1864)年	神戸海軍操練所を開き、坂本竜馬らを教育する。
明治元(1868)年	陸軍総裁となり、戊辰戦争では西郷隆盛と江戸無血開城に尽力した。
明治32(1899)年	1月19日、死去。享年77。

幕末の動乱

1825年	異国船打払令を発令
53年	ペリーが浦賀来航
58年	日米修好通商条約調印
67年	大政奉還
89年	大日本帝国憲法発布
94年	日清戦争(〜95)

エピソード

幕末の三舟

江戸市民を戦火の危機から救い出した勝海舟、山岡鉄舟、高橋泥舟の名前にいずれも「舟」がつくことから「幕末の三舟」と呼ばれる。

戦嫌い

たとえ相手から斬られても、こちらからは斬らないという主義。普段から刀の鍔をこよりで縛って抜けないようにしておいたという。

平和主義者

人間にとどまらず、草木や獣の命を奪う行為も嫌いだった。家人が庭の草をあまり取ると不機嫌になる。

オランダ人につき合って猟に行ったとき、獲物のいないほうに鉄砲を向けて撃ったという。

コーヒー

勝の自宅・氷川邸では15時にコーヒーを楽しむ習慣があり、来客から「カヘー(コーヒー)が出る」と珍しがられたという。

西洋菓子や銀座木村屋のあんぱんも好物だった。

私生活

私生活はだらしなく、正妻のほかにも多数の妾と隠し子がいて、同じ家に住まわせたりしていた。自分の子だけでなく妾の子も分け隔てなく育て子供たちから慕われていたが、勝の臨終間際、正妻の民子は「勝と一緒のお墓だけは嫌だ!」とごねて、積年の恨みをぶちまけたという。

死因

勝海舟の死因は、入浴後のブランデーの一気飲みによる脳溢血。

亡くなるときの最後の言葉は「コレデオシマイ」だったという。

【名言】　◎何でも大胆にかからねばならぬ。難しかろうが、易しかろうが、そんな事は考えずに、いわゆる無我の境に入って断行するに限る。

江戸の粋人!

◎奥さんに「品川まで船を見に行ってくる」と言って、そのまま咸臨丸でアメリカへ行った人。粋だネ。

◎京都で刺客に襲われた時、助けてくれた岡田以蔵に「人を殺してはいけない」と忠告するも「私が居なかったら先生の首は飛んでましたよ」と言い返され、ダマりこんだ話はサイコーだね!

安藤信正
[あんどう のぶまさ]

幕府

1819年 ▼ 1871年

尊攘派の志士に坂下門外で襲われた老中

プロフィール

幕末の江戸幕府老中首座。井伊直弼の死後、公武合体策を推進し、和宮降嫁を実現させたが、坂下門外の変で襲撃され、負傷して失脚した。

阿部正弘
[あべ まさひろ]

幕府

1819年 ▼ 1857年

黒船来航時の最高責任者

プロフィール

江戸後期から幕末の幕府老中。ペリー来航に際して、諸大名に外向方針を諮問し、朝廷に報告するなど公武の協調を図った。安政の幕政改革を推進した。

その生涯と幕末の動乱

文政2(1819)年	11月25日、江戸陸奥磐城平藩の藩邸で誕生。	1825年	異国船打払令を発令
弘化4(1847)年	父信由の死去により藩主となる。	53年	ペリーが浦賀来航
万延元(1860)年	井伊直弼暗殺後の幕政を担う。	60年	桜田門外の変
文久元(1861)年	和宮の将軍徳川家茂降嫁を実現させる。		
文久2(1862)年	坂下門外で襲われ負傷し、老中を退く。	67年	大政奉還
明治元(1868)年	戊辰戦争後に処罰され、謹慎となる。	68年	戊辰戦争　五箇条の誓文
明治4(1871)年	10月8日、没する。享年53。		

幕末の動乱

エピソード

公武合体(こうぶがったい)

1860年、桜田門外の変で井伊直弼が暗殺された後、幕政を久世広周とともに主導。日米修好通商条約を結んだからには日本をひとつにまとめなければと考え、朝廷(公)と幕府(武)の対立をなくそうと公武合体を進めた。

家茂と和宮の結婚を実現させた

公武合体を推し進めた信正は1862年、14代将軍、徳川家茂と孝明天皇の妹、和宮を結婚させることに成功した。

坂下門外の変

徳川家茂と和宮の結婚に怒った尊王攘夷派の水戸浪士6人の志士たちが江戸城の坂下門外で信正を襲った。信正は背中を切られたが命は助かった。

しかし「背中を切られたのは、武士の風上にも置けない」と批判され、老中を罷免された。

その生涯と幕末の動乱

文政2(1819)年	10月16日、江戸に生まれる。	1825年	異国船打払令を発令
天保14(1843)年	わずか25歳で老中に任命される。	41年	天保の改革始まる
安政元(1854)年	ペリーと日米和親条約を結ぶ。	53年	ペリーが浦賀来航
安政2(1855)年	講武場(のちの講武所)、洋学所(のちの蕃書調所)、海軍伝習所を開いて幕政改革を進める。堀田正睦に老中首座を譲る。	54年	日米和親条約成立
安政4(1857)年	6月17日、病死する。享年39。	58年	安政の大獄

幕末の動乱

エピソード

女性にモテた

男前だったため、大奥の女性たちにとてもモテたらしい。

正座

太っていたためか、長時間の正座が苦痛だったが、相手の話を聞くときは長時間正座をして聞いていた。終わった後、座っていた場所は汗で湿っていたらしい。

人の話をよく聞く

人の話をよく聞いたが、自分の考えを言って失言でもしたら上げ足を取られるかもしれないので、人の話をよく聞いて、いいものは取る、悪いものは捨てるを心がけていた。

【名言】　◎家臣ならば、主君に忠義を尽くし、子どもならば親に孝行を尽くすべきである。

89

山岡鉄舟
【やまおか てっしゅう】
1836年　▼　1888年

幕府

勝海舟、高橋泥舟とともに「幕末の三舟」と称される

プロフィール
幕末から明治の剣術家・政治家。鉄太郎とも称した。戊辰戦争の際、勝海舟の使者として西郷隆盛を説き、西郷・勝の会談を実現させた。維新後は明治天皇の侍従などを歴任。

小栗忠順
【おぐり ただまさ】
1827年　▼　1867年

幕府

横須賀に製鉄所を建てた幕府の役人

プロフィール
幕末の幕臣。小栗上野介とも称した。1860年に日米修好通商条約批准の使節として渡米。帰国後は外国奉行、勘定奉行、軍艦奉行などを歴任し、幕政改革に活躍した。

その生涯と幕末の動乱

			幕末の動乱	
天保7(1836)年	6月10日、江戸本所に生まれる。		1837年	大塩平八郎の乱
明治元(1868)年	鳥羽・伏見の戦い後、西郷隆盛と会見。勝海舟らと協力して江戸無血開城に尽力する。		67年	大政奉還
明治5(1872)年	天皇の側近として仕える。		68年	戊辰戦争　五箇条の誓文
明治13(1880)年	剣術道場を開き、無刀流を創始する。		77年	西南戦争
明治21(1888)年	7月19日没。享年53。		89年	大日本帝国憲法発布

エピソード

剣術

千葉周作に剣術を習い、剣の達人となる。21歳で幕府の剣術学校の先生になり、後の新撰組「浪士組」のリーダーのひとりに選ばれるまでになった。

相撲

身長六尺二寸(188センチ)、体重28貫(105キロ)という当時としては並はずれた体格の持ち主だった。武道で鍛えた体は相撲を取っても弱い力士には負けなかったという。

明治天皇が若い頃、鉄舟に相撲を挑まれ押し倒そうとしたが、横にかわし、天皇は鉄舟のうしろに倒れてしまった。

◎勝海舟より先に江戸城無血開城にむけて西郷隆盛と交渉した人だよ。何事も事前交渉が大事！

◎銀座木村屋のあんぱんを明治天皇に献上した人でもある。明治八年四月四日に献上したので、四月四日はあんぱんの日なんだよ！

しゃべる大木の江戸・幕末列伝

その生涯と幕末の動乱

			幕末の動乱	
文政10(1827)年	江戸に生まれる。		1837年	大塩平八郎の乱
万延元(1860)年	遣米使節として渡米。帰国後、外国奉行に昇進。		53年	ペリーが浦賀来航
慶応元(1865)年	勘定奉行となる。横須賀製鉄所の建設を開始し、軍政改革を進める。		58年	日米修好通商条約調印
明治元(1868)年	新政府軍に捕えられ、閏4月6日に処刑される。享年42。		67年	大政奉還
			68年	戊辰戦争　五箇条の誓文

エピソード

乗馬

幕末には侍でありながら満足に乗馬ができない者が数多くいたが、小栗は乗馬が得意だった。

駿河台の自邸からの登城の途中に通る屋敷の人々が、ひづめの音を聞いただけであれは小栗殿の登城だと分かったという話もある。

顔

小栗の顔は額が広く眼光が鋭かったので、

◎坂本竜馬の亀山社中より早く株式会社を作った人なんだよ！

◎小栗は幕末に西洋式ホテル、築地ホテルを建てた兵庫商社という会社を作ったみたい。水洗トイレ、シャワー、バー、ビリヤードがあったらしい。外国人向けだけど、日本人の見物客がスゴかったみたい。入場料を取って見学させて、運営費にしたとか。

しゃべる大木の江戸・幕末列伝

面会したある会津藩士はその印象を「芝居に出てくる高師直(こうのもろなお)のような恐ろしさだった」と語ったという。

91

川路聖謨
【かわじ としあきら】
1801年 ▼ 1868年

幕府

幕末外交に名を残した
江戸幕府一の官僚といわれた

プロフィール
江戸時代後期から幕末にかけての幕臣。日露和親条約の締結交渉に尽力した。江戸無血開城の翌日にピストル自殺。

長野主膳
【ながの しゅぜん】
1815年 ▼ 1862年

幕府

安政の大獄を進言した
井伊直弼の家臣

プロフィール
幕末の彦根藩で藩校教授を務めた国学者。彦根藩主井伊直弼の側近として活躍。大老就任後は安政の大獄にもかかわった。

その生涯と幕末の動乱

享和元(1801)年	4月25日、豊後国日田に生まれる。	1808年	間宮林蔵、樺太探検
天保6(1835)年	勘定吟味役に抜擢される。	37年	大塩平八郎の乱
嘉永6(1853)年	日露和親条約に調印する。	53年	ペリーが浦賀来航
安政5(1858)年	日米修好通商条約の勅許を求めて上洛。	58年	日米修好通商条約調印
安政6(1859)年	安政の大獄で処罰される。	67年	大政奉還
明治元(1868)年	江戸開城を知ってピストル自殺。享年68。	68年	戊辰戦争　五箇条の誓文

幕末の動乱

エピソード

名奉行

　小普請組から異例の出世をとげ、佐渡奉行、奈良奉行、大坂町奉行などを歴任し、名奉行とうたわれた。

超人

　川路の一日は、午前2時に起き、執筆、読書。外が明るくなったら外に出て刀の素振り、槍の訓練を2000回ほどこなした後、午前10時から午後5時までは江戸城内で仕事。帰宅後は来客を相手に夕食やお酒をともにしたりして、午後10時頃になってようやく来客の応接が終わり、その後は午前0時まで執筆を楽しんだ。

◎開国を相手にせまるロシア人にまにまにロシア人を何度も通訳として渉し通してロシア人を相手に。◎最後はピストルで自殺しちゃうんだよね。とルソセンスだよ！笑らくせやらすらやましい度胸！本よ、ひょっとしたら日本人初なのかな？

江ぶる大木の 幕末列伝

その生涯と幕末の動乱

文化12(1815)年	10月16日に生まれる。	1825年	異国船打払令を発令
嘉永5(1852)年	井伊直弼が藩主になると側近として藩政改革に尽力。	53年	ペリーが浦賀来航
安政5(1858)年	将軍継嗣問題では徳川家茂の擁護に努める。	58年	安政の大獄
文久2(1862)年	政変が起こり8月27日に処刑される。享年46。	62年	文久の改革

幕末の動乱

エピソード

国学者

　本居宣長の国学に興味を持ち、国学者に。

井伊直弼のブレーン

　井伊直弼のブレーンとして、大きな影響を及ぼした。

　また、京都での情報収集や工作を行い、「安政の大獄」の陰の首謀者ともいわれている。

陰の大老

　安政の大獄で、主膳からの情報をもとに井伊直弼は尊王攘夷の志士たちを処罰。井伊直弼の分身のように働いた主膳を志士たちは「陰の大老」と呼び、恐れた。

村山たか

　埋木舎時代の井伊直弼の恋人だった人物で、直弼が藩主となって江戸に移ったときに別れた。直弼が大老就任後、たかは主膳の妾となっていた。安政の大獄の時に、主膳とともに京都で工作活動を行っていたといわれている。

堀田正睦
[ほった まさよし]

幕府

1810年 ▼ 1864年

通商条約の勅許に失敗した幕臣

プロフィール
幕末の江戸幕府老中首座。阿部正弘のあとを任された。ハリスと日米修好通商条約について協議し、孝明天皇の勅許を得ようとして失敗。

榎本武揚
[えのもと たけあき]

幕府

1836年 ▼ 1908年

戊辰戦争で五稜郭に立てこもった新政府の役人

プロフィール
幕末の幕臣。文久の改革でオランダに留学し帰国後は海軍奉行になった。戊辰戦争では旧幕府軍に属し、五稜郭で戦ったが降伏した。明治新政府の閣僚ともなった。

その生涯と幕末の動乱

		幕末の動乱
文化7(1810)年	8月1日、生まれる。	
天保12(1841)年	水野忠邦の推挙で老中となる。	
安政2(1855)年	老中首座となる。	
安政4(1857)年	ハリスと日米修好通商条約の締結を協議。	
安政5(1858)年	条約の勅許を得ようとするが失敗。井伊直弼の大老就任後に老中を罷免される。	
元治元(1864)年	3月21日、佐倉城内で死去。享年55。	

幕末の動乱	
1809年	間宮林蔵、樺太探険
41年	天保の改革始まる
53年	ペリーが浦賀来航
58年	安政の大獄
60年	桜田門外の変
64年	第1次長州征討

エピソード

小鳥

少年時代は小鳥に夢中で、小鳥に餌をやることが好きだった。

西洋通

西洋堀田といわれるほど洋学にのめり込み、「蘭癖」と評されるほど西洋通で知られた。

老中首座

1855年、開国派と攘夷派との対立を上手くまとめてほしいと期待され、阿部正弘から老中首座を譲られた。

日米修好通商条約

1858年、アメリカ総領事のタウンゼント・ハリスと通商条約を結ぶ話し合いをする。その後、京都の朝廷に向かい、孝明天皇に許可をもらいに行ったが攘夷派の天皇に拒否され失敗。

その生涯と幕末の動乱

		幕末の動乱
天保7(1836)年	8月25日、江戸下谷に生まれる。	
文久2(1862)年	6月、オランダ留学生として渡欧。	
明治2(1869)年	五稜郭の戦いで降伏して投獄される。3年後にゆるされて出仕する。	
明治8(1875)年	樺太・千島交換条約に調印。	
明治41(1908)年	10月26日没。享年73。	

幕末の動乱	
1837年	大塩平八郎の乱
53年	ペリーが浦賀来航
68年	戊辰戦争　五箇条の誓文
77年	西南戦争
1904年	日露戦争(〜05)

エピソード

「〒」のマーク

初代逓信大臣を務めたとき、逓信省の徽章を「T」の字にすることが決定。ところが国際郵便の世界では、この「T」の字が料金不足を意味する記号だったことが判明した。そこで武揚が「Tに横棒を一本加えて「〒」にしてみては」とアイディアを出し、逓信省の「テ」にも見えることから「〒」マークが誕生した。

◎ジョン万次郎塾で英語を学んだ人！

◎箱館戦争（旧幕府軍で五稜郭に立てこもるが、新政府軍の攻撃を受け、降伏）の敗走で五稜郭の牢の中で石けんの製造法をノートにメモして、それを元に親戚が石けんを売り出したら大人気。それが今の資生堂らしいよ！知識がスゴいよ！

水野忠央【みずの ただなか】
1814年 ▼ 1865年

紀州藩内の主導権を確立した付家老

幕府

プロフィール
幕末の紀州和歌山藩付家老。藩主徳川慶福を14代将軍(家茂)に擁立した。桜田門外の変のあと謹慎を命じられた。

大鳥圭介【おおとり けいすけ】
1833年 ▼ 1911年

戊辰戦争で新政府への降伏をすすめた幕臣

幕府

プロフィール
幕末から明治初期の政治家。緒方洪庵の適塾、江川太郎左衛門に師事。幕臣となり戊辰戦争では榎本武揚に従う。のち清国・朝鮮公使として活躍した。枢密顧問官。

その生涯と幕末の動乱

文化11(1814)年	10月1日、江戸にて誕生。
天保6(1835)年	8月16日、家督を相続。
安政5(1858)年	井伊直弼と協力して、藩主徳川慶福(家茂)を将軍とする。
万延元(1860)年	6月、幕府から隠居を命じられる。
慶応元(1865)年	2月25日、没する。享年52。

幕末の動乱

1825年	異国船打払令を発令
37年	大塩平八郎の乱
53年	ペリーが浦賀来航
58年	日米修好通商条約調印
60年	桜田門外の変
64年	四国連合艦隊、下関砲撃

エピソード

22歳で藩付家老に就任

父、水野忠啓の隠居により、1835年新宮領三万五千石を相続し、22歳の時に紀州藩付家老に就任した。

井伊直弼

井伊直弼と組み、一橋派を抑えて藩主である徳川慶福を将軍にするため全力を注ぎ、徳川慶福は第14代徳川家茂となる。

しかし、井伊直弼が暗殺されると急速に勢力を失い失脚した。

あだ名

「炭屋」領内の備長炭を幕府の権力者に贈ったことから。

「土蜘蛛(つちぐも)」藩内での変幻自在な策略から。

丹鶴叢書(たんかくそうしょ)

歴史、文学、医学などの古典籍を集めた「丹鶴叢書」百七十一巻を刊行している。

その生涯と幕末の動乱

天保4(1833)年	2月25日、播磨国赤穂郡に生まれる。
慶応2(1866)年	幕府に登用される。
明治2(1869)年	五稜郭の戦いに敗れ、投獄される。
明治5(1872)年	ゆるされて出獄し、政府に出仕する。
明治22(1889)年	清国公使となる。以後、清、韓国との外交折衝を担当する。
明治44(1911)年	6月15日没。享年79。

幕末の動乱

1837年	大塩平八郎の乱
68年	戊辰戦争　五箇条の誓文
71年	廃藩置県
89年	大日本帝国憲法発布
94年	日清戦争(〜95)
1904年	日露戦争(〜05)

エピソード

学識

緒方洪庵の適塾で蘭学と西洋医学を学び、ジョン万次郎から英語を学んだ。その他、兵学、科学、工学、数学、仏語など、その素晴らしい学識を買われて、34歳のときに幕府に登用された。

箱館戦争

箱館戦争のとき、新政府軍の攻撃で負けが決定的になり、幹部たちが自決を覚悟し始めたとき、圭介だけは「死のうと思えば、いつでも死ねる。今は降伏と洒落込もうではないか」と降伏を提案、一同を唖然とさせた。

牢屋敷

箱館戦争で降伏した際、自分が陸軍奉行時代に作った牢屋敷に入れられてしまった。

許された後、新政府の枢密顧問官や外交官などとして活躍した。

天野八郎 [あまの はちろう]

大政奉還に反対した幕臣

幕府

1831年 ▼ 1868年

プロフィール
幕末の幕臣。彰義隊副長。大政奉還に強く反対し、徹底抗戦した後捕らえられ獄死。

佐々木只三郎 [ささき たださぶろう]

坂本竜馬の暗殺をしたともいわれている人物

幕府

1833年 ▼ 1868年

プロフィール
幕末の京都見廻組隊士。京都見廻組を率いて清河八郎を暗殺。鳥羽・伏見の戦いにて戦死。

その生涯と幕末の動乱

天保2(1831)年 上野国甘楽郡に生まれる。
明治元(1868)年 彰義隊を結んだ際に、副頭取に推される。上野寛永寺を本拠として新政府軍と戦うが敗れ、11月に獄中で没する。享年38。

幕末の動乱

1825年 異国船打払令を発令
41年 天保の改革始まる
53年 ペリーが浦賀来航
68年 戊辰戦争　五箇条の誓文

エピソード

将棋の香車

横にそれず、ただ真っ直ぐに突き進む将棋の「香車」の駒を好んだ。獄中で記した「斃休録」に「東征軍に一敗すといえども、職掌を尽くして他に譲らず。決して香車に恥じず」と香車を自らの人生になぞらえ書き残している。

上野戦争

上野戦争で、徳川の旗本など40余名を率いていたがいざ突撃しようと後ろを振り返ったら誰もいなかった。獄中で「徳川氏の柔極まるを知る」とその時のことを記している。

総入れ歯

当時の入れ歯は割れにくいツゲの木が使われていたが、天野はすべて象牙の総入れ歯だった。

【名言】 ◎男なら決して横にそれず、ただ前進あるのみ。

その生涯と幕末の動乱

天保4(1833)年 会津藩領内藩士の子として生まれる。
元治元(1864)年 京都で見廻組を率い、新撰組と共に活動。
慶応3(1867)年 近江屋で坂本竜馬らが暗殺される。只三郎はその実行犯であったともいわれる。
慶応4(1868)年 鳥羽・伏見の戦いで銃弾を受けて死去。享年36。

幕末の動乱

1837年 大塩平八郎の乱
53年 ペリーが浦賀来航
64年 四国連合艦隊、下関砲撃
67年 大政奉還
68年 戊辰戦争　五箇条の誓文

エピソード

小太刀をとっては日本一

「会津五流」と称される神道精武流剣法を藩の師範役、羽嶋源太左衛門に学ぶ。小太刀をとっては日本一と言われ、小太刀を抜いたかと思うと、もう相手は斬られていたと言わしめている。さらに槍もよく使っていた。沖津庄之助から槍術を学んだ。

幕府の剣術訓練所で教師を務めていた。

風貌

只三郎の姪が10歳のときの記憶では、がっしりとした中肉中背で色は浅黒く、笑うと両頬にエクボがでる可愛い顔になったという。

◎坂本竜馬、中岡慎太郎暗殺の実行犯とされる京都見廻組のリーダー。清河八郎も暗殺。坂本竜馬は2、3日前に部屋を移動している。本当に部屋を移動していたのだろうか。うらの聞いたのだろ??

松平容保

薩長の恨みをかった会津藩主

【まつだいら かたもり】
1835年 ▼ 1893年

会津藩

> 幾人の涙は石にそそぐとも
> その名は世々に朽じとぞ思ふ。

プロフィール

幕末の会津藩藩主。文久の改革で京都守護職に就任。八月十八日の政変では薩摩藩に協力して尊攘派を京都から追放した。戊辰戦争に際しては、新政府軍に激しく抵抗した。

その生涯と幕末の動乱

天保6(1835)年	12月29日、高須松平家の六男として江戸に生まれる。
弘化3(1846)年	会津松平家の養子となり容保と改名。
嘉永5(1852)年	18歳で会津藩9代藩主となる。
文久2(1862)年	京都守護職に任命される。
文久3(1863)年	八月十八日の政変を起こし、長州藩などの尊攘派を京都から追放する。
慶応3(1867)年	京都守護職を免じられる。
明治元(1868)年	鳥羽・伏見の戦いが始まると官位を剥奪され、会津に帰る。新政府軍と戦うが9月に降伏する。
明治13(1880)年	日光東照宮宮司となる。
明治26(1893)年	12月5日、東京で病没。享年59。

幕末の動乱

1837年	大塩平八郎の乱
41年	天保の改革始まる
53年	ペリーが浦賀来航
60年	桜田門外の変
64年	四国連合艦隊、下関砲撃
67年	大政奉還
68年	戊辰戦争　五箇条の誓文
77年	西南戦争
89年	大日本帝国憲法発布

エピソード

性格
真面目で周囲に流されやすい。怒らせると怖い。

幕末の三大美男子
幕末の三大美男子の一人ともいわれている。
作家、司馬遼太郎が推薦の幕末三代美男子は松平容保、土方歳三、一橋慶喜（後の徳川慶喜）。

和歌
和歌は生涯を通じて打ち込んだ趣味。実父の高須藩主・松平義建や会津松平家の義姉・照姫から手ほどきを受け、幕末の歌人・小出粲にも師事した。生涯に残した歌の数は2300首以上にもなるという。

家族
会津松平家の養子となった容保は1856年、養父の娘、敏姫と結婚。しかし、1861年、敏姫は若くして亡くなり、二人の間に子供はできなかった。
正室との間に子供はできなかったが、二人の側室を迎えて実子をもうけようと決意。側室になったのが田代佐久と川村名賀という女性。
7男2女をもうけ、家名をつなぐことに成功。

天皇の手紙
孝明天皇から、容保の活躍に対し感謝の気持ちが書かれていた内容の手紙を竹筒にいれて中身は誰にも見せずいつも大切に持ち歩いていた。
容保の死後、家族が竹筒の中身を確認した。

【名言】　◎義に死すとも　不義に生きず。

幕末キーワード　京都守護職
幕末の京都に設置された江戸幕府の役職。ペリー来航後の京都で、朝廷・公卿の動向を監視、西国雄藩の動きを牽制し、尊攘派志士の活動が激しい都の治安を守るために文久2(1862)年閏8月に新設された。親藩である会津藩主松平容保をこれに任命し、京都所司代、大坂城代をその指揮下におく強大な権限を与え、反幕府勢力の鎮圧をめざした。王政復古の大号令とともに廃止。

京都守護職がおかれた京都の金戒光明寺（京都市左京区黒谷）

松平春嶽【まつだいら しゅんがく】

越前藩　1828年▼1890年

慶喜とともに幕政を改革した越前藩主

> 我に才略無く我に奇無し常に衆言を聴きて宜しき所に従ふ。

プロフィール
幕末の越前福井藩藩主。松平慶永とも称した。将軍継嗣問題では一橋慶喜を推挙した。安政の大獄で隠居謹慎となった。のち、文久の改革では政事総裁職に任じられた。

橋本左内【はしもと さない】

越前藩　1834年▼1859年

松平春嶽に仕えた越前藩士

> 激流にも耐えうる柱のように揺るぎない信念を心に持て。

プロフィール
幕末の越前藩士。大坂の適塾で緒方洪庵に学び、将軍継嗣問題では藩主の松平春嶽のもとで一橋派として活動。安政の大獄にて刑死した。

その生涯と幕末の動乱

文政11(1828)年	9月2日、江戸城内田安邸に生まれる。
天保9(1838)年	16代越前福井藩主となる。
安政5(1858)年	安政の大獄で隠居謹慎の処罰を受ける。
文久2(1862)年	謹慎が解かれ、政事総裁職に任命される。
慶応3(1867)年	新政府の議定に任命される。
明治3(1870)年	すべての公職から退く。
明治23(1890)年	6月2日東京小石川の自邸で死去。享年63。

幕末の動乱

1825年	異国船打払令を発令
41年	天保の改革始まる
53年	ペリーが浦賀来航
67年	大政奉還
77年	西南戦争
89年	大日本帝国憲法発布

エピソード

羊

学問が好きで、ほかの兄弟が遊んでいるときでも、見向きもせずに読書をしたり習字をしたりしていた。学習のためたくさん紙を使うので、父から紙を食べる羊のようだと評され羊と呼ばれた。

リンゴ

西洋のリンゴを最初に植えたとされている。アメリカ産のりんごの苗木を入手し、それを江戸郊外巣鴨の福井藩下屋敷に植えたのが最初とされる。

その生涯と幕末の動乱

天保5(1834)年	3月11日、福井藩医の長男として誕生。
嘉永3(1850)年	緒方洪庵の適塾で蘭学・蘭方医学を修める。
嘉永5(1852)年	帰国して家督を相続する。
安政4(1857)年	藩の学制改革・藩政刷新に尽力。松平春嶽に用いられ、一橋派の中心人物となる。
安政6(1859)年	10月7日、安政の大獄で刑死。享年26。

幕末の動乱

1837年	大塩平八郎の乱
41年	天保の改革始まる
53年	ペリーが浦賀来航
58年	日米修好通商条約調印

エピソード

好物

好物はみかん。好きすぎて、その場にあればあるだけ食べてしまうほど。

ものまね

ものまねが上手で、友人の西郷隆盛のまねをしてまわりを笑わせていた。

猫の鳴き声のまねも上手かったという。

西郷隆盛

西郷隆盛とは江戸で知り合い友人になった。西郷は左内を「学問や人物の大きさでは私はとうていかなわない」と評価している。

西南戦争で亡くなった西郷が最後まで持っていた鞄の中には左内の手紙が入っていた。

由利公正
【ゆり きみまさ（こうせい）】

越前藩

1829年 ▼ 1909年

横井小楠に師事し、藩政の改革に貢献

万機公論に決し私に論するなかれ。

プロフィール
幕末の福井藩士。三岡八郎とも称した。五箇条の誓文の原案を起草した。新政府では参与となり財政を担当。最初の紙幣である太政官札の発行を申し立てた。

その生涯と幕末の動乱

文政12(1829)年	11月11日、越前藩藩士の家に生まれる。
文久2(1862)年	藩主春嶽の側用人となるが、藩論が一変して4年間にわたり謹慎となる。
慶応3(1867)年	五箇条の誓文の原案を起草する。
明治5(1872)年	岩倉遣米使節団に随行する。
明治23(1890)年	貴族院議員に選ばれる。
明治42(1909)年	4月28日没。享年81。

幕末の動乱
1825年	異国船打払令発令
53年	ペリーが浦賀来航
67年	大政奉還
77年	西南戦争
89年	大日本帝国憲法発布
1904年	日露戦争（～05）

エピソード

名前
福井藩士時代までの名前は「三岡八郎」。
明治維新後に「由利公正」としたが、読み方を「こうせい」か「きみまさ」かで長く議論があったが、2014年、「Yuri Kimimasa」とローマ字で本人が署名した公文書が発見された。

乗馬
乗馬の名手として知られ、福井藩名物の「馬威し」に19歳で優勝。松平春嶽の目に留まった。

三岡へっつい
「三岡へっつい」は、由利公正が発明したとされる「かまど」で、薪が従来のものの十分の一で済むというすぐれもので、釣鐘を逆にしたような鉄釜に横穴を穿ち、下半分を部厚い土で固めたもの。

坂本竜馬とは友人だったんだ。竜馬の暗殺五日前の手紙に新国家の財政は由利公正に担当してもらいたいとある。五箇条の誓文をつくった人だよねっ。

104

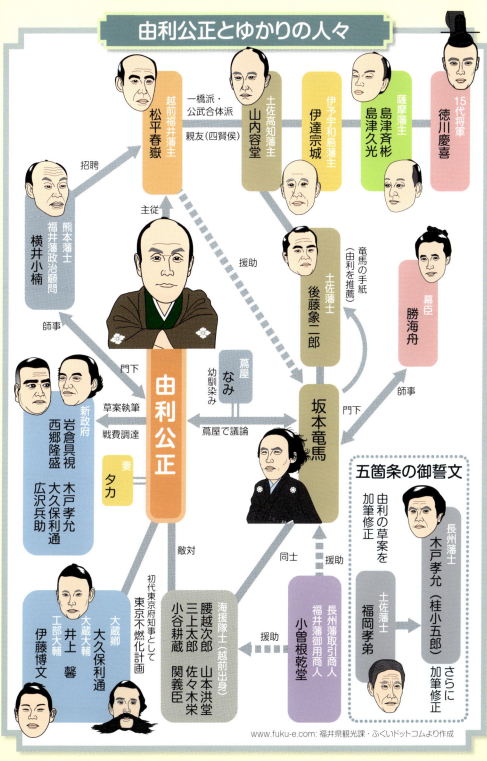

由利公正とゆかりの人々

www.fuku-e.com: 福井県観光課・ふくいドットコムより作成

徳川斉昭【とくがわなりあき】

水戸藩　1800年▼1860年

尊王攘夷で井伊直弼と対立した水戸藩主

> 何事にても、我より先なる者あらば、聴くことを恥じず。

プロフィール
幕末の水戸藩藩主。15代将軍の徳川慶喜の父。藤田東湖や会沢正志斎などを登用し藩政改革を進めた。水戸藩の藩校として弘道館を設立した。

会沢正志斎【あいざわせいしさい】

水戸藩　1782年▼1863年

水戸学の代表的思想家

プロフィール
江戸後期から幕末にかけての水戸学の学者。藤田東湖とともに水戸藩の藩政改革を進めた。尊王攘夷思想を説いた。

その生涯と幕末の動乱

寛政12(1800)年	江戸に生まれる。
文政12(1829)年	藩内の改革派に擁立され水戸藩主となる。
天保4(1833)年	水戸に帰国して藩政改革に取り組む。
弘化元(1844)年	幕府から謹慎処分を受ける。5年後に赦免。
嘉永6(1853)年	ペリー来航後、海防問題の幕政参与に任じられる。
安政5(1858)年	井伊直弼により再び謹慎を命じられる。
万延元(1860)年	8月15日に死去。享年61。

幕末の動乱

1804年	ロシア使節レザノフ、長崎に来航
25年	異国船打払令を発令
37年	大塩平八郎の乱
41年	天保の改革始まる
53年	ペリーが浦賀来航
58年	安政の大獄
60年	桜田門外の変

エピソード

西洋の品

幼少期から水戸学を学ぶ。尊王攘夷派で、開国には反対していたが、西洋の物品には大変興味を持っていたという。

徳川慶喜

徳川慶喜の実父でも知られる。慶喜には礼儀作法に厳しく、朝から晩まで勉強させた。

寝相が悪かった慶喜が寝る際には枕の両脇にカミソリを立てて寝返りを打てないようにしたといわれている。

井伊直弼と対立

第13代将軍・徳川家定の後継ぎ問題のとき、斉昭は自分の子・慶喜を推したが、徳川家茂を推す井伊直弼に敗れ、外出禁止の罰を受けた。

その生涯と幕末の動乱

天明2(1782)年	5月25日、水戸城下に生まれる。
寛政11(1799)年	彰考館に入って『大日本史』の編纂に関わる。
文政12(1829)年	斉昭を藩主に擁立して藩政改革を進める。
天保11(1840)年	弘道館の教授頭取となる。
弘化3(1846)年	蟄居を命じられる。3年後にゆるされる。
文久3(1863)年	7月14日水戸の自邸で没する。享年82。

幕末の動乱

1808年	間宮林蔵、樺太探険
25年	異国船打払令を発令
41年	天保の改革始まる
53年	ペリーが浦賀来航
60年	桜田門外の変

エピソード

幼少期

ある時、塾の年長者が正志斎が幼少であることを侮り、帰宅する時に鬼の仮装をして驚かそうとした。正志斎はそれに気づいて刀を掛けてゆっくり進み少しも恐れる様子はなかったという。

甲冑を着て坂道を上下

武士でありながら武道を疎かにしている世の中を嘆き、毎日のように剣や槍の鍛錬に励んだ。日頃から兵学書を好んで読み、時には夜間に甲冑を着て坂道を上下した。それを見た人々から、気がおかしくなったのではないかと笑われた事も。

虚弱体質

生まれながら虚弱体質で小柄だったため、幼少の頃、医者から読書を止めなければ三十歳まで生きられないと言われた。

それなら尚更、学問に励まなければならないと決心し、生活態度も改め健康に留意するようになった。

藤田東湖
[ふじた とうこ]

1806年 ▼ 1855年

水戸藩

斉昭の腹心として水戸藩の政治改革を進めた

> 心術正しからざる者、宜しく館職に預かるべからず。

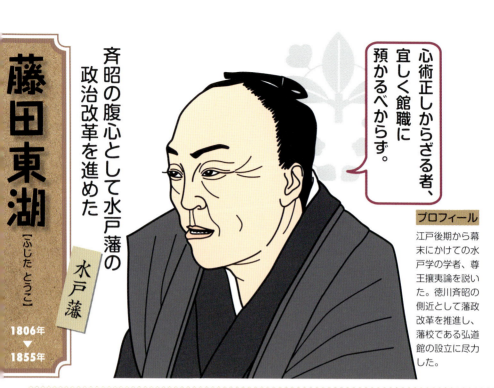

プロフィール
江戸後期から幕末にかけての水戸学の学者、尊王攘夷論を説いた。徳川斉昭の側近として藩政改革を推進し、藩校である弘道館の設立に尽力した。

武田耕雲斎
[たけだ こううんさい]

1804年 ▼ 1865年

水戸藩

天狗党の首領

プロフィール
幕末の水戸藩士。藩主徳川斉昭を擁立し、藩政改革を推進した。尊王攘夷派。筑波山に挙兵した天狗党の乱では、天狗党首領となった。

その生涯と幕末の動乱

			幕末の動乱
文化3(1806)年	3月16日、水戸城下梅香に生まれる。	1808年	間宮林蔵、樺太探険
文政10(1827)年	家督を継ぎ、彰考館編修に任命される。	25年	異国船打払令を発令
天保11(1840)年	藩の側用人に抜擢される。	41年	天保の改革始まる
弘化元(1844)年	斉昭が謹慎処分を受けると、免職され江戸藩邸に幽閉される。		
安政元(1854)年	再び側用人に起用される。	53年	ペリーが浦賀来航
安政2(1855)年	10月2日の安政の大地震で死去。享年50。	54年	日米和親条約成立

エピソード

母

東湖は、いくつになっても母の前では少年のように素直であったといわれている。

交友関係

交友関係が広く、その数も明らかにすることは極めて難しいといわれる。相手が先輩であろうが後輩であろうが有名無名、地位官職の高下も関係なく、志ある者は喜んで迎え、隔意なく語り酒を酌み交わした。

飲みの話題は、政治、経済、時事、文学、女性、さらに性病、博打話までに及んだが、ユーモアを折りまぜた話ぶりは相手を魅了した。

その生涯と幕末の動乱

			幕末の動乱
文化元(1804)年	水戸藩士跡部正続の嫡男として生まれる。	1804年	ロシア使節レザノフ、長崎に来航
文化14(1817)年	家督を継ぐ。	08年	間宮林蔵、樺太探険
文政12(1829)年	徳川斉昭の藩主擁立に尽力する。	25年	異国船打払令を発令
元治元(1864)年	天狗党の首領となり京都へ向かうが降伏。	64年	四国連合艦隊、下関砲撃
慶応元(1865)年	2月4日、斬首される。享年62。	67年	大政奉還

エピソード

水戸の三田

戸田忠太夫、藤田東湖と並び、「水戸の三田」と呼ばれた。

天狗党の乱

800名という一大勢力を誇った天狗党の首領で知られる。1864年、筑波山に挙兵した天狗党を率いて上洛の途中、金沢藩に降伏。翌年、藤田東湖の息子の藤田小四郎らとともに敦賀の海岸で斬首。それだけではなく、武田耕雲斎の妻と2人の子供、3歳の孫まで斬首された。

武田耕雲斎は、首領の座を引き受けたときから死を覚悟していたという。

近藤 勇

[こんどう いさみ]

新撰組

1834年 ▼ 1868年

新撰組局長として江戸幕府に尽くした

> 丈夫志を立てて東関を出ず。

プロフィール

幕末の新撰組隊長。京都守護職、松平容保の支配下に属して新撰組を結成。しだいに力をのばして隊長となり、尊攘派の取締りと弾圧にあたる。

その生涯と幕末の動乱

天保5(1834)年	10月5日、武蔵国多摩郡に生まれる。のちに、天然理心流の近藤周助に学ぶ。
嘉永2(1849)年	近藤周助の養子になる。
文久3(1863)年	将軍徳川家茂の上洛にあたって募集された浪士組に参加。京都に残って芹沢鴨らと新撰組を組織する。
元治元(1864)年	池田屋襲撃事件で功を立てる。
慶応3(1867)年	見廻組頭取となり、幕臣として取り立てられる。
明治元(1868)年	戊辰戦争で新政府軍と戦い、下総国流山でとらわれて刑死する。享年35。

幕末の動乱

1837年	大塩平八郎の乱
53年	ペリーが浦賀来航
60年	桜田門外の変
64年	四国連合艦隊、下関砲撃
67年	大政奉還
68年	戊辰戦争　五箇条の誓文

エピソード

子供の頃

棒切れを正眼に構えて「さあ、拙者にかかれ」と言って、近所の子供たちとチャンバラ遊びをするガキ大将だった。

風貌

写真に残された近藤は、いかつい風貌であるが、笑うと両方の頬に大きなえくぼができた。顔に似合わず優しい男だったという。

字

新撰組の副長・土方歳三や幹部の沖田総司は幼い頃から書道を習っていたため字が達筆だったが、局長の近藤は字が下手だった。局長の書く字がこれでは立つ瀬がないと一念発起し習字の稽古をし、愛読書である「日本外史」の著者、頼山陽の書を目指したという。

その後、腕が上達し立派な字を書けるようになった。

愛人

職務から解放され、夜になると遊女街へよく出かけた。島原・木津屋の深雪太夫に惚れ込むかたわら、同じく島原の金太夫、三本木の駒野とつねに3、4人の女性と恋愛を続けていた。さらに深雪太夫の妹、お孝にまで手を出し、18歳になったのをきっかけに手込めにしてしまう。これにあきれた深雪太夫は身を引き、恋は終わってしまった。

お孝との間には子供も生まれ、お勇という舞妓になり、明治時代に伊藤博文、井上馨などの長州出身の高官に可愛がられたという。

虎徹(こてつ)

池田屋事件で愛刀の虎徹をふるって活躍。この虎徹はニセモノ説が強いが、近藤本人は「虎徹だから無事だった」と周囲に語り、本物と信じて疑わなかった。

武士になりたかったオトコ！

◎ゲンコツを口の中へ入れるという宴会芸を持つ局長。

◎変名で自首したが、敵に元新撰組隊士がいて、近藤勇とバレて板橋宿の刑場で斬首だよ。大坂、京都でさらし首にされて、その後、首が行方不明。ケンカ別れした永倉新八は明治24年の時点で、ずっと近藤の首を探しているという内容の手紙を書いている。泣けてくるよ。

バレて斬首なら切腹したかったのかもと考えてしまうよ。誰よりも武士になりたかった人だから。

その生涯と幕末の動乱

- **天保6(1835)年** 武蔵国多摩郡に生まれる。のちに、近藤周助（天然理心流）の門弟でもあった彦五郎道場で稽古し、近藤勇と同門となる。
- **文久3(1863)年** 浪士組に参加して上洛、その後、新撰組員となる。
- **慶応3(1867)年** 局長近藤勇のもとで副長を務める。
- **明治元(1868)年** 鳥羽・伏見の戦いでは負傷した近藤にかわって隊を指揮するが敗れる。
- **明治2(1869)年** 5月11日、五稜郭で抗戦中に銃弾に当たって戦死。享年35。

幕末の動乱

- **1837年** 大塩平八郎の乱
- **53年** ペリーが浦賀来航
- **60年** 桜田門外の変
- **64年** 四国連合艦隊、下関砲撃
- **66年** 薩長同盟成立
- **67年** 大政奉還
- **68年** 戊辰戦争　五箇条の誓文

エピソード

幼少期
土方家10人兄弟の末っ子。実家は裕福だったが、両親が早く亡くなったため、次兄の喜六とその妻なかによって養育される。

バラガキ
幼少期から美少年だったが、美少年の顔に似合わずバラガキ（触ると痛いイバラのような乱暴な少年）といわれていた。

相撲が好きで、風呂から上がると裸のまま家の柱で相撲の稽古をしていた。

少年時代から武士になりたいと語っていた。

モテモテ
若い頃からとにかくモテた。10歳で奉公に出された松坂屋呉服店（現在の松坂屋上野店）を逃げたのは年上の女中に手を出したためといわれている。新撰組の屯所には若い女性からラブレターが絶えなかった。土方は自分にいいよる女に片っ端から手を出すプレイボーイでもあった。新撰組と近藤勇が一番大事という理由で、女はつくっても妾はつくらなかった。

防具もシャレたものにこだわり、洋装もいち早く取り入れた。

鬼の副長
新撰組の副長で「鬼の副長」として恐れられていた。新撰組の厳しい掟をつくり、掟を破った者には容赦なく切腹させまくったという。

敵を殺した数よりも身内で掟を破った者を殺した数のほうが多かったともいわれている。

甥にもスパルタ教育？
甥の作助にはスパルタ教育をほどこしている。よく一緒にお風呂に入ったが、土方は熱いお湯が大好きで幼い作助は熱いお湯に入っているのが我慢できず湯船から飛び出してしまう。それを見て土方は「男子たるもの、この程度の湯に入れなくてどうする」と一喝し、捕まえて湯船に沈め、上からフタをしてしまったという。

鬼の副長。

◎この人あっての新撰組だと思う。組織はナンバー2がしっかりしてないといけない！　と、この人から学んだよ。

◎最後は箱館で戦死。遺体は見つかってないんだよ。日野の佐藤彦五郎新撰組資料館で、歳三が朝10時に戦死したとの箱館からの覚え書きを見た。明治2年5月11日（1869年6月20日）のこと。

沖田総司
【おきた そうじ】
新撰組
1844年 ▼ 1868年

新撰組の一番隊組長として活躍

プロフィール
幕末の新撰組隊士。陸奥白河藩士の子。天然理心流近藤周助の試衛館で学ぶ。新撰組幹部として一番隊組長を務め池田屋事件などで活躍した。結核により死去。

斎藤一
【さいとう はじめ】
新撰組
1844年 ▼ 1915年

新撰組の最年少、三番隊組長として活躍

プロフィール
幕末から明治の、新撰組隊士、警察官。幕臣の家に生まれる。新撰組に入隊し三番隊組長を務め、戊辰戦争にも参加。維新後は藤田五郎と改名し警視庁に採用され、72歳で死去。

伊東甲子太郎
【いとう かしたろう】
新撰組
1835年 ▼ 1867年

御陵衛士をつくって活動

プロフィール
幕末の新撰組参謀、御陵衛士の首領。新撰組参謀となったが思想的見解を異にして分離。御陵衛士を結成して高台寺党を名乗る。以後薩摩と連携して勤王運動に奔走。新撰組に七条油小路で斬殺。

エピソード

新撰組で最強の剣士
剣術は新撰組の中でも一、二を争う腕前で、永倉新八が「本気になったら師匠の近藤勇でさえやられただろう」と語ったとされる。

ヒラメ顔
テレビや映画で演じられる沖田総司は、若くて色白の美男子で女性にモテて剣の達人といったイメージだが、本当は美男子ではなかったという。1973年3月、NHKの番組で佐藤彦五郎の子孫が父親から聞かされた「沖田総司はヒラメみたいな顔」という話から広まった。
その他、「笑うと愛嬌があり色黒だった」「肩が張り上がった長身」「猫背」という説も。

病死
最強の剣士といわれていたが、結核をわずらっていて、1864年の池田屋事件で近藤勇と池田屋に乗り込んだときは一人切り倒した後に血をはいて倒れてしまったという。その後も病をおして活躍したが、1868年の鳥羽・伏見の戦いには結核が悪化し参加できず江戸に戻ることになった。新撰組組長・近藤勇が新政府軍に処刑されたことも知らぬまま、近藤の死から2ヶ月後に病死。

近藤勇は天然理心流の跡継ぎは沖田総司と考えていたんだろうな。

エピソード

最強の剣士
新撰組の前身である壬生浪士組の結成に合わせて入隊、3番隊組長に。剣の腕は凄まじく新撰組では、沖田総司、永倉新八と並ぶ「最強の剣士」といわれた。
永倉新八は、「沖田総司は猛者の剣、斉藤一は無敵の剣」と弟子に語ったという。

スパイ
伊東甲子太郎が御陵衛士をつくって新撰組から独立すると、斉藤一も新撰組を抜け出しこれに参加した。しかし、これは近藤勇の命令でスパイになるため。近藤勇暗殺計画を知り、逆に伊東を罠にかけて惨殺。

結婚
会津戦争後、会津に残り会津藩士として生きて行くことを決意し、会津藩士の娘で山本八重の親友といわれている高木時尾と結婚。結婚式の仲人は松平容保が務めたらしい。

警視庁
明治に入ってから藤田五郎名義で警視庁に採用される。警部補になり、西南戦争に従軍。大砲2門を奪う活躍をして、報道もされた。

西南戦争では新政府軍として参加。薩摩軍を斬りまくったらしい。

エピソード

新撰組に入隊
近藤勇は、新撰組をもっと強くするため優れた剣士を探していた。北辰一刀流の道場を開いていた伊東甲子太郎はかねてから交流のあった新撰組の隊士・藤堂平助の誘いで新撰組に入隊することになった。

御陵衛士
1867年、近藤らとの思想の違いから甲子太郎は新撰組を離脱。藤堂平助ら志の同じ者を10人以上引き抜いて孝明天皇を守るための組織「御陵衛士」(高台寺党)を結成。

油小路事件
新撰組を離脱し御陵衛士(高台寺党)を結成した甲子太郎は、近藤勇から国事の相談があるとの口実で宴会に招かれ、酒を飲まされた後、その帰り道にあった油小路の本光寺門前で新撰組の隊士に暗殺された。甲子太郎は敵に一太刀浴びせ「奸賊ばら」と叫んで死んだという。
甲子太郎の遺体を引き取りにきた藤堂平助らも待ち伏せていた新撰組の隊士によって殺された。

この人が新撰組幹部に迎えられた事で、山南敬助は居場所がなくなったという話も聞く。

115

福沢諭吉

西洋文化を取り入れた幕末・明治の思想家、教育者

[ふくざわ ゆきち]

中津藩

1835年 ▼ 1901年

> 自ら動こうとしないものを、導くことはできない。

プロフィール

幕末から明治の啓蒙思想家。緒方洪庵の適塾で学び、明治期には慶応義塾大学を創設した。幕末の万延遣米使節としてアメリカにも渡った。

その生涯と幕末の動乱

天保5(1834)年	12月12日、豊前国中津藩に生まれる。
安政5(1858)年	緒方洪庵に蘭学を学んだ後、江戸で蘭学塾を開く。
万延元(1860)年	遣米使節として咸臨丸で渡米。この後も2度幕府の遣欧使節に参加。
慶応3(1867)年	王政復古により、新政府から出仕を求められたが辞退。
明治(1868)年	蘭学塾を慶応義塾と命名。以降、『学問のすゝめ』や『文明論之概略』などを著し、教育と著作に専念する。
明治6(1873)年	明六社に参加する。
明治15(1882)年	日刊紙『時事新報』を創刊。
明治34(1901)年	2月3日、死去。享年68。

幕末の動乱

1837年	大塩平八郎の乱
58年	日米修好通商条約調印
60年	桜田門外の変
67年	大政奉還
68年	戊辰戦争　五箇条の誓文
74年	民撰議院設立建白書
81年	国会開設の勅諭
94年	日清戦争（～95）

エピソード

神社にいたずら
神仏を信じないで、神社にいたずらをした。
神社のお札を踏んづけてみたり、稲荷神社の御神体をただの石ころに取り換えてみたりしたという。

お酒
お酒は幼少の頃から大好き。母に「後でお酒をあげるから」と言われると何でも我慢できたほど酒好きだった。若い頃は、収入のほとんどを酒代につぎ込んでいた。朝から飲んでいたこともあった。

読書
趣味は読書だが、最初は苦手だったという。14歳頃から本を読むようになった。理由は近所で勉強をしていないのは自分だけだと、世間体を気にしてだった。

家族
中津藩士の娘、錦と結婚し、9人の子をもうけた。妻以外の女性とはほとんど縁がなかった。

居合の達人
幼い頃から立見新流の稽古を積んで、免許皆伝の腕前だった。居合は健康のためにやっていたといわれているが、死因は居合をやりすぎたためといわれている。
教育者として生きる道を選び、生涯人を斬ったことはなかった。

【名言】　天は人の上に人を造らず　人の下に人を造らずと言えり

万延元年遣米使節と咸臨丸
万延元(1860)年、幕府は、ハリス初代駐日総領事の勧めもあり、日米修好通商条約の批准書交換のため、使節団を米国に派遣した。1860年2月、使節団77名は日本を出発、太平洋を横断して3月にサンフランシスコに到着した。勝海舟、福沢諭吉、ジョン万次郎らが乗船した咸臨丸も、護衛と遠洋実習を兼ねてサンフランシスコまで随伴した。遣米使節団一行はその後、パナマを経由して5月、ワシントンに到着、ブキャナン大統領と謁見し、条約批准書を交換。その後、ボルチモアとフィラデルフィアを訪問、蒸気船にて最終目的地のニューヨークに到着した。ニューヨークを見聞した一行は、6月末に帰国にむけて出発した。

宮部鼎蔵
【みやべていぞう】

池田屋事件に散った吉田松陰の盟友

熊本藩

1820年 ▼ 1864年

> 人の盛衰は世のならい、ただただいかにうきめにあうとも、本心は失わぬようにつとむるが人間の道なり、いちずに思いこみ申さるべく候。

プロフィール

幕末の肥後熊本藩士。山鹿流の兵学師範。横井小楠とともに熊本藩の志士の領袖。吉田松陰との東北巡遊後に上京して尊攘運動に参加。池田屋で新撰組におそわれ自刃。

その生涯と幕末の動乱

文政3(1820)年	4月、肥後国益城郡に生まれる。
嘉永4(1851)年	江戸に出て山鹿素水に入門、山鹿流の兵法を学ぶ。
嘉永5(1852)年	吉田松陰と東北地方を周遊。
安政元(1854)年	ペリー来航の際に建白書を提出するが退けられる。
文久2(1862)年	清河八郎のすすめをうけて上京、薩摩藩尊攘派の実力者有馬新七らと親交する。
文久3(1863)年	八月十八日の政変が起こり、長州に退去する。
元治元(1864)年	6月5日夜、池田屋事件で新撰組に襲われ自刃。45歳。

幕末の動乱

1825年	異国船打払令を発令
53年	ペリーが浦賀来航
58年	安政の大獄
60年	桜田門外の変
64年	四国連合艦隊、下関砲撃
67年	大政奉還

エピソード

若い頃

医者の家庭に生まれるが、医家を継がず叔父である宮部丈左衛門の養子になり山鹿流兵法を学んだ。肥後藩の軍学師範になり、国学者の林桜園にも師事した。

吉田松陰

1850年、九州に遊学していた吉田松陰と知り合い、同じ山鹿流の兵学者ということもあり松陰は鼎蔵の家に宿泊し会談。翌年、鼎蔵は江戸に赴任すると江戸に出ていた松陰と再会し、意気投合、無二の親友となる。

肥後勤皇党

1861年、前年に井伊直弼が暗殺され、尊王攘夷派の勢いが増すと肥後勤皇党に参加し、肥後勤皇党の中でも中心的な人物になる。

池田屋事件

池田屋で鼎蔵は、長州、土佐、肥後の尊王攘夷派たちと倒幕の密議中、新撰組に襲撃され自刃した。

吉田松陰との絆

鼎蔵たちと東北旅行する約束をした松陰は長州藩に通行手形を申請するが、旅行当日になっても手形手配が間に合わず発行されなかった。

当時、藩外へ出かける時は通行手形を藩から得なければならず、藩の許可のない外出は脱藩となり場合によっては死罪にもなった。ところが松陰は迷惑をかけたくないということで旅行のためだけに脱藩。鼎蔵との絆はますます強くなった。

江戸へ戻った松陰は死罪は免れたものの、士籍剥奪・世禄没収の処分を受けた。

今でも「鼎」が書けないよ。（笑）

吉田松陰先生の盟友。

熊本の住んでいた場所の跡地に行ったこと事がある。そこは若き吉田松陰先生が宮部を訪ねた場所。今はフツーの住宅地だけど、そこで二人は初めて会い、ディスカッションをして絆を深めた。

それを想像するだけで感激したよ。そこに「萩ふるさと大使」の名刺を置いてきたよ。

お墓参りにも行ったなぁ。

池田屋事件で命を落としたなかで一番の大物なんだよ！

陸奥宗光

[むつむねみつ]

紀伊藩

1844年 ▼ 1897年

脱藩して坂本竜馬とすごし、維新後は外交で活躍

政治なる者はアートなり、サイエンスにあらず。

プロフィール

幕末から明治期の政治家。紀州藩出身。外務大臣・外交官として明治維新後の新政府が目指した条約改正に尽力した。回想録である『蹇蹇録(けんけんろく)』を刊行。

その生涯と幕末の動乱

弘化元(1844)年	7月7日、藩士伊達宗広の六男として誕生。
慶応3(1867)年	海援隊に入る。坂本竜馬と行動をともにする。
明治元(1868)年	岩倉具視の推薦で外国事務局御用掛となる。
明治5(1872)年	知事などを歴任したのち、地租改正局長となる。
明治10(1877)年	西南戦争に呼応して挙兵を企てたとして5年の禁固刑に処せられる。
明治19(1886)年	外務省に入る。のちに駐米公使となる。
明治25(1892)年	第2次伊藤内閣の外務大臣となる。その後、治外法権の回復に成功。
明治27(1894)年	日清戦争の開戦にふみきり、講和・三国干渉にも対応する。
明治28(1895)年	『蹇蹇録』の著述に没頭。翌年、外相辞任。
明治30(1897)年	8月24日、死去。享年54。

幕末の動乱

1841年	天保の改革始まる
67年	大政奉還
68年	戊辰戦争　五箇条の誓文
71年	廃藩置県
77年	西南戦争
81年	国会開設の勅諭
89年	大日本帝国憲法発布
94年	日清戦争(～95)

エピソード

女遊び
16歳頃から女遊びを覚え、家庭教師などで稼いだお金はすべて吉原につぎ込んだ。師事した儒学者の安井息軒から何度も注意されたが、それでも吉原通いをやめなかったため、破門されてしまう。

性格
正しいと思ったことは口にするタイプで、議論が得意だった。

特技
洋書を原文で読むこと。投獄された時、獄中でイギリスの哲学者、ベンサムの著書を翻訳した。

妻・亮子
最初の妻・蓮子を亡くした翌年、亮子と再婚。後妻の亮子は新橋で一、二を争う美貌の元芸妓で、現役時代は「小鈴」と名乗っていた。のちに、「ワシントン社交界の華」と呼ばれるほどだった。

「西南戦争」に乗じて高知で挙兵を計画した自由民権運動の活動家たちとの関係が発覚し、彼らの政府転覆計画に加担したとして有罪判決が下され、禁固5年の刑を受けた。

獄中、妻・亮子の浮気を心配するあまり、亮子のもとへ大量の手紙を送り続け、亮子はそのしっと深さ、束縛ぶりにうんざりしていたという。

【名言】
◎人より少なく苦労して人より多くの利益を得ようとするのは薄志弱行の者のやることだ。この考えが一度芽生えると、必ず生涯不愉快の境遇に陥る。
◎事の失敗に屈すべからず、失敗すれば失敗を償ふ丈(だけ)の工夫を凝らすべし。

奥さんの横顔！
僕はこの人の奥様、陸奥亮子さんの横顔写真が大好き。理想の横顔。正面よりも横顔。本当にキレイ。

宗光も外国からたくさん手紙を書いたらしいね。

結婚したあともワイフにラブレターを書きつづけるなんてあの当時にはいなかっただろうねー！

横井小楠【よこい しょうなん】

熊本藩　1809年▼1869年

松平春嶽の政治顧問として活躍

プロフィール

江戸末期の思想家・政治家。熊本藩士。松平春嶽に招かれて越前藩の藩政を指導。富国強兵を説き幕府の公武合体運動に活躍。明治維新後、暗殺。

河井継之助【かわい つぎのすけ】

長岡藩　1827年▼1868年

新政府軍と戦った長岡藩の家老

プロフィール

幕末の長岡藩藩士、家老で開国論を唱える。王政復古後の戊辰戦争では武装中立をはかったが、政府軍が認めず、長岡城の激戦で重傷を負い、死亡。

その生涯と幕末の動乱

- **文化6(1809)年** 8月13日、熊本城下に生まれる。
- **天保10(1839)年** 江戸に遊学し、その後帰藩して私塾小楠堂を開く。
- **安政5(1858)年** 越前藩主松平春嶽に招かれ顧問となる。
- **明治2(1869)年** 1月5日、暗殺される。享年61。

幕末の動乱

- **1808年** 間宮林蔵、樺太探険
- **37年** 大塩平八郎の乱
- **53年** ペリーが浦賀来航
- **58年** 安政の大獄
- **68年** 戊辰戦争　五箇条の誓文

エピソード

幼少期

あまりのわんぱくぶりに手を焼いた母はある日、小楠の前で気絶したふりをした。ところが小楠はそれに気づき、母の宝物である銀のかんざしを引き抜いて、気絶したふりをしている母の前でねじ折ろうとした。母は驚きながらも、動かずにいると、小楠は本当に気絶しているのかと思い、慌てて騒いだという。

暗殺理由

1869年、小楠は攘夷派の暗殺者に襲われ暗殺されてしまう。理由は小楠がキリスト教を日本に広めようとしているというものだったが、事実ではなかったらしい。

> 勝海舟いわく「今までに天下で恐ろしいものを二人見た。それは横井小楠と西郷南州」と言った。そのエラい一人なんだ。「天下にこの二人がいるから、その行く末は注意なされ」と進言していたそうだよ。「横井の思想を西郷の手で行われたら、もはやそれまで」とも。坂本竜馬も熊本にこの人を訪ねたよ。

その生涯と幕末の動乱

- **文政10(1827)年** 1月1日、長岡城下に生まれる。
- **安政4(1857)年** 家督を相続する。
- **慶応元(1865)年** 藩が第2次長州征討参加を中止させる。
- **慶応3(1867)年** 藩執政となり、藩の財政、兵制改革を行う。
- **明治元(1868)年** 戊辰戦争で重傷を負い、8月16日に没する。享年42。

幕末の動乱

- **1825年** 異国船打払令を発令
- **53年** ペリーが浦賀来航
- **67年** 大政奉還
- **68年** 戊辰戦争　五箇条の誓文

エピソード

自己流

剣術や馬術を教える師匠のいうことに反発や口答えをして、何でも自己流でやってしまう始末だった。

また、学問も独特で、自分で読んだ本はほとんど書き写したという。

お祭り好き

大のお祭り好きで知られ、長岡藩士は参加厳禁なのに長岡甚句が聞こえてくると身分がわからないように妹の浴衣を借りてきて頬かむりをして踊ったという。

佐川勘兵衛は河井を評して「河井君と話をするときには、息の油断もできない。あんなによく理屈が見えて話に切り込みの烈い人は少ない。確かに近代の豪傑である」

> 日本に三つしかなかったガトリング砲を二つ購入したらしい。

佐久間象山
[さくま しょうざん]
松代藩
1811年 ▼ 1864年

門人吉田松陰の事件に連座し下獄した幕末の思想家

プロフィール
幕末の信州松代藩士。江川太郎左衛門に砲術を学び、勝海舟や吉田松陰を指導した兵学者、洋学者。開国・公武合体を主張し、尊王攘夷派に暗殺された。

緒方洪庵
[おがた こうあん]
備中足守藩
1810年 ▼ 1863年

日本の近代医学の祖といわれる医師

プロフィール
江戸後期から幕末にかけて、大坂で適塾を開き、多くの学者を育成した蘭学者。福沢諭吉、大村益次郎、橋本左内などを指導した。

その生涯と幕末の動乱

文化8(1811)年	2月28日、信州松代城下に生まれる。
天保13(1842)年	江川太郎左衛門に入門し、西洋砲術を学ぶ。
嘉永4(1851)年	江戸に塾を開く。門下に勝海舟・吉田松陰ら。
安政元(1854)年	吉田松陰の密航事件で謹慎となる。
元治元(1864)年	幕命で上洛し、開国・公式合体を主張するが、7月11日に尊攘派に斬殺される。享年54。

幕末の動乱

1808年	間宮林蔵、樺太探険
41年	天保の改革始まる
53年	ペリーが浦賀来航
64年	第1次長州征討

エピソード

幼少期

幼少期から儒学、和学を学んだ。3歳のころ、乳母に背負われながら見た碑文の「禁」という漢字を覚えて家に帰ってそれを紙に書いてみせたという。

自信家

「我こそは天下の天才」と自ら名乗っていた。天才の血を残すため、頭が良く体も丈夫な女性を探し弟子の勝海舟の妹、順子を嫁にす

ペリーが横浜に来た時、自分に会釈したと奥さんと息子に手紙を書いている。こうもオーラに気付いたんだと言わんばかり！笑オレのオーラにむむ！サイコー！

るも子供は出来なかった。坂本竜馬に「自分の子供は大成するから女を紹介してくれ」と頼んだことがある。実際の息子、啓之助は素行が悪く、大成するどころか新撰組隊士を脱走した。

その生涯と幕末の動乱

文化7(1810)年	7月14日、備中国足守藩で生まれる。
天保2(1831)年	江戸の蘭学者坪井信道の塾に入る。
天保9(1838)年	大坂に蘭学塾「適々斎塾」を開く。
嘉永2(1849)年	天然痘の予防として牛痘種痘の普及に尽くす。
文久2(1862)年	幕府に招かれる。
文久3(1863)年	6月10日、急死。享年54。

幕末の動乱

1808年	間宮林蔵、樺太探険
37年	大塩平八郎の乱
53年	ペリーが浦賀来航
60年	桜田門外の変
64年	四国連合艦隊、下関砲撃

エピソード

蘭学、医学を学ぶ

16歳で蘭学塾「思々斎塾」に入門し、4年間、蘭学、医学を学んだ。その後、江戸へ出て坪井信道に学び、宇田川玄真にも学ぶ。長崎へ遊学し、オランダ人のニーマンに医学を学んだ。

師匠の着物

師の坪井信道が、洪庵の貧しい生活を見かねて自ら着ていた着物をプレゼントした。だ

適々斎塾（適塾）を開いた人。教え子は有名な、吉田松陰様、手塚治虫先生のご先祖、ガマの神様、お医者さんなんだよ。教え子の福沢諭吉はマンガ治虫先生のご先祖も教え子なんだよ！お医者さんなんだよ。

が、信道は小柄で洪庵は少し大柄であったため着物からひざがでてしまったという。それでも平然とその着物を着て勉強をしていた。

【名言】 ◎名利を顧みず 唯おのれをすてて人を救はんことを希ふべし。

125

清河八郎
【きよかわ はちろう】
庄内藩
1830年 ▼ 1863年

浪士組を結成した尊王攘夷論者

プロフィール
幕末の庄内藩郷士、尊攘派志士。上洛する将軍警護を名目に浪士組編成を幕府に認めさせ、浪士組を尊皇攘夷の急先鋒へと転回。のち幕府に危険視され、江戸・麻布で暗殺。

西 周
[にし あまね]
津和野藩
1829年 ▼ 1897年

日本近代哲学の父と呼ばれた思想家

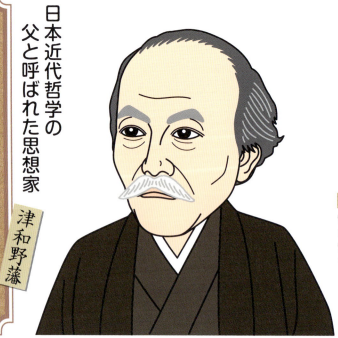

プロフィール
哲学、心理学の術語を創り、「日本近代哲学の父」といわれている。

その生涯と幕末の動乱

- **天保元(1830)年** 10月10日、出羽国田川郡清川村に生まれる。
- **嘉永3(1850)年** 江戸に出て、千葉周作らに学ぶ。
- **文久3(1863)年** 浪士組に加わるが、攘夷を主張したため江戸に戻される。4月13日、麻布一ノ橋で佐々木只三郎らに斬殺される。享年34。

幕末の動乱
- **1825年** 異国船打払令を発令
- **53年** ペリーが浦賀来航
- **64年** 第1次長州征討

エピソード

神童
幼少時は、まわりから神童といわれていた。

日記
筆まめで、毎日欠かさず日記をつけていた。26歳のとき、母親を連れて親孝行のために日本各地を旅行した際にも、こまめに日記をつけている。

【名言】
◎砕けても また砕けても よる波は 岩角をしも 打ち砕くらむ
◎魁がけて またさきがけん 死出の山 まよいはせまじ 皇の道

新撰組のキッカケをつくった人。麻布一ノ橋で佐々木只三郎に暗殺されたよ。

その生涯と幕末の動乱

- **文政12(1829)年** 2月3日、石見国鹿足郡に生まれる。
- **文久3(1863)年** オランダのライデンに留学する。
- **明治3(1870)年** 新政府に出仕し、山県有朋のもとで徴兵令制定に尽力。
- **明治6(1873)年** 加藤弘之・福沢諭吉らと明六社を結成する。
- **明治23(1890)年** 貴族院議員に勅選される。
- **明治30(1897)年** 1月31日、没する。享年69。

幕末の動乱
- **1825年** 異国船打払令を発令
- **67年** 大政奉還
- **74年** 民撰議員設立建白書
- **89年** 大日本帝国憲法発布
- **94年** 日清戦争(〜95)

エピソード

日本憲法の草案
徳川慶喜に日本憲法の草案を提出。これが、日本最初の憲法の草案だった。

切手
1950年代、文化人シリーズの切手18種類の一人に西周が使われた。その他にも野口英世、福沢諭吉、正岡子規など著名な文化人が図柄として使われたが、西周の図柄の切手だけがプレミア価格で切手マニアに人気がある。その理由は、この文化人シリーズの中で最も知名度が低かった西周の切手は、切手として貼って使われてしまい、未使用状態の切手があまり残っていないからだといわれている。

「哲学」「科学」「概念」「心理学」「理性」「芸術」などのコトバを考えた人。こりゃスゴいよね。無かったわけだからね。つくった言葉

梅田雲浜　[うめだ うんぴん]

1815年 ▼ 1859年

小浜藩

安政の大獄で最初に捕らわれ、獄中で病死した小浜藩の儒学者

プロフィール

幕末の元若狭小浜藩士。藩政批判のゆえに士籍を失うが尊王攘夷を主張、内政・外交ともにはげしく幕政を批判したため、安政の大獄で獄中死した。

平野国臣　[ひらの くにおみ]

1828年 ▼ 1864年

福岡藩

「生野の変」を起こしたが、捕まり獄中で処刑された

プロフィール

幕末の福岡藩士。脱藩後、京都で尊攘運動にかかわる。八月十八日の政変で京都を追われ、生野で討幕の挙兵（生野の変）をしたが捕らえられ処刑された。

その生涯と幕末の動乱

			幕末の動乱
文化12(1815)年	6月7日、若狭国小浜城下に生まれる。	1825年	異国船打払令を発令
天保14(1843)年	京都で藩の塾である望楠軒の講師となる。	41年	天保の改革始まる
嘉永5(1852)年	ペリー来航後、尊攘派の中心人物となる。	53年	ペリーが浦賀来航
安政5(1858)年	安政の大獄で捕らえられる。		
安政6(1859)年	取り調べ中の9月14日に病死。享年45。	60年	桜田門外の変

エピソード

極貧

大津で湖南塾という私塾を開くも、生活は貧窮のどん底に。二畳間に親子三人という住まいで一日一食か二食お粥を食べられればいいほうだった。その後、若くして妻を失い、長男も5歳で病死した。

妻の位牌

妻が亡くなってから、一箇の小箱を肌身離さずに持ち歩いていた。その中には妻の位牌が入れてあったと伝えられている。

安政の大獄

ペリー来航後、尊王攘夷派の中心に。日米修好通商条約の調印反対や一橋慶喜（後の徳川慶喜）の擁立、井伊直弼の排斥などを図る。1858年、安政の大獄が始まると最初に捕らえられ、江戸に送られて厳しい拷問をうけたが一切口を割らず、獄中で病死した。

【名言】 ◎君が代を おもふ心の 一筋に 我が身ありとも 思はざりけり

その生涯と幕末の動乱

			幕末の動乱
文政11(1828)年	3月29日、筑前国福岡城下に生まれる。	1825年	異国船打払令を発令
安政5(1858)年	脱藩して上京し、尊王攘夷運動に参加する。	53年	ペリーが浦賀来航
文久2(1862)年	攘夷断行を企てるが挫折し、捕らえられる。	58年	安政の大獄
文久3(1863)年	朝廷の意向で出獄するが、八月十八日の政変で京都を去り、生野の変を起こす。		
元治元(1864)年	7月20日、新撰組に処刑される。享年37。	64年	第1次長州征討

エピソード

幼少期

幼い頃から勝ち気で、戦ごっこをすると必ず大将になり、決して人に指図されるような立場にならなかった。

真木和泉

真木和泉に気に入られ、家に出入りするうち娘のお棹と関係をもった。

幕末キーワード

生野の変

1863年、尊攘派が但馬生野（兵庫県朝来市）に挙兵して生野代官所を占拠した事件。但馬地方では、攘夷を名目として豪農を中心とする農兵組織計画が進められていた。この動きと福岡藩平野国臣ら脱藩浪士とが結びつき、浪士たちが主導権をとって挙兵。長州の下級武士や、地元農民を動員し代官所を占拠したが、3日で鎮圧された。

【名言】 ◎わが胸の 燃ゆる思いに くらぶれば 煙はうすし 桜島山

伊達宗城【だて むねなり】

幕末の四賢候の一人

宇和島藩

1818年 ▼ 1892年

プロフィール

幕末の宇和島藩藩主。将軍継嗣問題では一橋慶喜を推し、公武合体を推進した。明治維新後は日清修好条規を締結した。

真木和泉【まき いずみ】

尊王攘夷派の活動家、指導者

久留米藩

1813年 ▼ 1864年

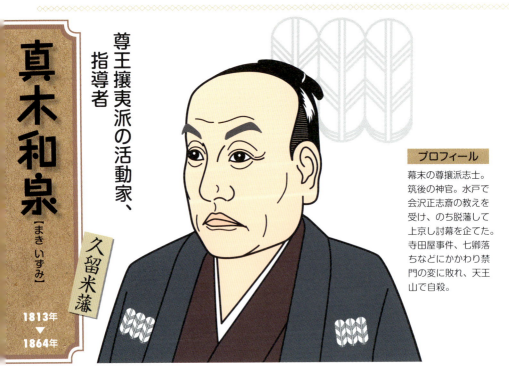

プロフィール

幕末の尊攘派志士。筑後の神官。水戸で会沢正志斎の教えを受け、のち脱藩して上京し討幕を企てた。寺田屋事件、七卿落ちなどにかかわり禁門の変に敗れ、天王山で自殺。

その生涯と幕末の動乱

文政元(1818)年	8月1日、旗本の家に生まれる。
弘化元(1844)年	宇和島藩主となり藩政改革を進める。
安政5(1858)年	将軍継嗣問題では一橋派に加わる。
慶応3(1867)年	新政府の議定となる。
明治4(1871)年	全権として日清修好条規を調印する。
明治25(1892)年	12月20日、東京浅草で没する。享年75。

幕末の動乱

1825年	異国船打払令を発令
41年	天保の改革始まる
58年	安政の大獄
67年	大政奉還
74年	民撰議院設立建白書
94年	日清戦争(～95)

エピソード

幕末の四賢候

　幕末に活躍した福井藩・松平春嶽、土佐藩・山内容堂、薩摩藩・島津斉彬、そして宇和島藩の伊達宗城の4人の大名は幕末の四賢候(しけんこう)と呼ばれた。

蒸気船

　宗城は、ペリーが浦賀に来航した際、蒸気船が欲しくなり、蒸気船を造ることを目指す。

　船の設計は、医学しか知らない村田蔵六(後の大村益次郎)に命じた。オランダ語が詳しいんだから専門書を翻訳して船を設計してくれということだったとか。さらに蒸気機関の製造は提灯職人の城下の嘉蔵(かぞう)に命じた。2人は苦労の末、日本人で初めて蒸気船を完成させた。

その生涯と幕末の動乱

文化10(1813)年	3月7日、筑後国久留米城下に生まれる。
弘化元(1844)年	水戸に遊学して会沢正志斎の影響を受ける。
文久2(1862)年	尊王攘夷を唱えて脱藩するが、寺田屋事件で幽閉される。のちにゆるされて上京する。
文久3(1863)年	討幕決行を目指すが、八月十八日の政変で挫折する。
元治元(1864)年	禁門の変に敗れ、7月21日に自刃、享年52。

幕末の動乱

1808年	間宮林蔵、樺太探険
41年	天保の改革始まる
53年	ペリーが浦賀来航
60年	桜田門外の変
64年	第1次長州征討

エピソード

今楠公

楠木正成(くすのきまさしげ)の崇拝者として知られ「今楠公」とも呼ばれた。

力士

　力士に間違われるような体格の持ち主だったといわれる。

【名言】　◎天も誠にて天たり、地も誠にて地なり。
　　　　　◎大山の　峯の岩根に　埋にけり　わが年月の　大和魂(辞世の歌)

131

江川太郎左衛門
【えがわ たろうざえもん】
1801年 ▼ 1855年
その他

西洋兵学の先駆者

プロフィール
江戸後期から幕末の伊豆韮山の役人。江川英竜とも称した。洋式砲術の知識を持ち、伊豆韮山に反射炉を築造した。

千葉周作
【ちば しゅうさく】
1794年 ▼ 1855年
その他

北辰一刀流の創始者

プロフィール
江戸後期の剣術家。北辰夢想流を学び、小野派一刀流も免許皆伝となる。北辰一刀流を唱えて道場玄武館を神田お玉が池に開く。のち水戸藩に仕えた。

その生涯と幕末の動乱

			幕末の動乱
享和元(1801)年	5月13日、伊豆韮山の代官屋敷に生まれる。	1804年	ロシア使節レザノフ、長崎に来航
天保6(1835)年	代官職を継ぐ。二宮尊徳などの人材を登用。	37年	大塩平八郎の乱
天保13(1842)年	幕府から西洋砲術の教授を許可される。	41年	天保の改革始まる
嘉永2(1849)年	反射炉の建設に着手。(完成は安政4年)		
嘉永6(1853)年	ペリー来航後、品川台場の築造にあたる。	53年	ペリーが浦賀来航
安政2(1855)年	1月16日、江戸本所の屋敷で没。享年55。	58年	安政の大獄

エピソード

幼少期

5歳のときから四書五経の素読や、手ならいを仕込まれ、剣、柔、槍、弓、馬などの武術のほか、絵画、書道、詩歌など文芸的な教養も身につけた。

号令

日本で初めて西洋式の軍隊を組織したといわれている。「気をつけ」「右向け右」などの号令は、太郎左衛門が一般の者が使いやすいようにと親族の石井修三に頼み、西洋の文献から日本語に訳させたもの。

パン祖

日本人で初めて本格的にパン製造を行った人物で、日本のパン業界からは「パン祖」と呼ばれる。

その生涯と幕末の動乱

			幕末の動乱
寛政6(1794)年	1月1日、陸前国に生まれる。	1808年	間宮林蔵、樺太探検
文化6(1809)年	江戸の近郊松戸に移住し、小野派一刀流に入門して剣術を学ぶ。		
文政5(1822)年	独立して北辰一刀流を唱え、玄武館を開く。	25年	異国船打払令を発令
天保6(1835)年	水戸藩主徳川斉昭に招かれて剣術師範となる。	37年	大塩平八郎の乱
安政2(1855)年	12月10日に没する。享年62。	53年	ペリーが浦賀来航

エピソード

幕末の剣豪

北辰一刀流の創始者として知られ、幕末に剣術ブームを起こした。斎藤弥九郎、桃井春蔵とともに「幕末三剣客」と呼ばれた。門下生に坂本竜馬、山岡鉄舟、清河八郎などがいた。

容姿

当時としてはかなりの大男で身長180センチくらいはあったといわれる。顔が長く、アゴも長かったらしい。

黒駒勝蔵【くろこまのかつぞう】
その他
1832年 ▼ 1871年

駿河の清水次郎長と抗争を繰り返した

プロフィール
幕末の侠客。博徒として勢力を伸ばし甲斐を代表する親分となった。

清水次郎長【しみずのじろちょう】
その他
1820年 ▼ 1893年

侠客としてその名を全国に轟かせた東海一の大親分

プロフィール
幕末の侠客。東海一の大親分といわれた。

その生涯と幕末の動乱

天保3(1832)年	甲斐国上黒駒村名主小池家の次男に生まれる。
安政3(1856)年	博徒になる。のちに甲斐を代表する親分に。
文久3(1863)年	清水次郎長と天竜川で大出入り。
元治元(1864)年	尊王攘夷派に与して甲府城攻略を企図する。
慶応4(1868)年	赤報隊にかわる。
明治4(1871)年	10月14日、斬刑に処せられた。享年40。

幕末の動乱

1837年	大塩平八郎の乱
53年	ペリーが浦賀来航
67年	大政奉還
68年	戊辰戦争　五箇条の誓文

エピソード

性格
義理人情に厚く、気っぷのよさで有名。

敵役
清水の次郎長の敵役として各地で抗争・出入りを繰り返した。その一方、尊攘派として倒幕の軍に加わったりした。しかし、尊攘派が幕府を倒して明治の世になると、新政府にとっては博徒・遊侠のお尋ね者はお荷物となり、斬刑となった。

幕末キーワード　赤報隊
明治元(1868)年1月、鳥羽・伏見の戦いに勝利した新政府軍が組織した先鋒隊の一つ。関東・東北の脱藩士や豪農商を隊員として、年貢半減を掲げて民衆を引きつけ江戸に向けて進軍した。しかし新政府は財政難だったため年貢半減が果たせず、赤報隊を率いていた相楽総三らは偽官軍として処断された。

その生涯と幕末の動乱

文政3(1820)年	1月1日、清水の船持船頭の次男に生まれる。
弘化4(1847)年	おちょうと結婚、一家を構える。
慶応2(1866)年	伊勢荒神山の出入りで穴太徳と争う。
明治17(1884)年	静岡県警に逮捕され、懲役7年の刑を受ける。
明治26(1893)年	6月12日、病没。享年74。

幕末の動乱

1825年	異国船打払令を発令
41年	天保の改革始まる
67年	大政奉還
85年	内閣制度創始
94年	日清戦争(〜95)

エピソード

次郎長
本名は山本長五郎。清水市美濃輪に生まれ、幼い頃は米問屋の叔父・次郎八の養子になり、次郎八の長五郎が転じて、次郎長と呼ばれるようになったという。

大親分
大政、小政、森の石松など、清水二十八人衆といわれる屈強な子分や多くの仲間を従え、東海一の大親分として成長した。

一代記
生涯の天敵・黒駒勝蔵との出入りに明け暮れる。佐幕派の立場をとり、山岡鉄舟と親交をもった。明治以後は足を洗った。子分で元武士の天田愚庵が次郎長の一代記『東海遊侠伝』を書いて出版したこともあって、後世まで任侠の徒として喧伝された。次郎長自身は仮名の読み書きができる程度であったらしい。

135

【おとせ】お登勢

女性
1829年 ▼ 1877年

寺田屋事件の舞台となった旅館・寺田屋の女将

【さかもと おとめ】坂本乙女

女性
1832年 ▼ 1879年

坂本竜馬の実姉

【ならさき りょう】楢崎 竜

女性
1841年 ▼ 1906年

坂本竜馬の妻

エピソード

寺田屋

　大津の旅館の次女として生まれ、18歳で京都伏見の寺田屋六代目、伊助と結婚した。

　しかし、夫が早死にしてしまい、お登勢が寺田屋を取り仕切ることに。

世話好き

　唯一の道楽は人を世話すること。坂本竜馬など幕府から睨まれていた尊王攘夷派の志士たちを援助、保護した。お登勢は幕府から危険人物とされ、入牢されそうになったことも。

お竜

　坂本竜馬に頼まれ、身寄りのないお竜を預かり寺田屋に住み込みで働かせた。

坂本竜馬

　坂本竜馬に大変慕われていたことで知られる。

幕末キーワード　寺田屋事件

　文久2（1862）年4月23日、京都伏見の船宿寺田屋で尊攘激派志士が鎮圧された事件。鹿児島藩尊攘派の志士らと浪士の清河八郎、真木和泉らは、薩摩藩主の父にあたる島津久光が上京したのを機会とみて京都に集まり、佐幕派の関白九条尚忠、所司代酒井忠義殺害の計画を立てた。この動きを察知した久光は寺田屋で会合中の志士たちをねらい鎮圧した。

エピソード

容姿

　身長174センチ、体重112キロ、髪は薄く、父がカツラを買ってきたこともあったという。

多趣味

　琴、三味線、謡曲、舞踊、剣術、弓術、馬術など、多趣味。

怪物の正体を確かめる

　山に怪物が出たと聞くと、一人でその山に登って怪物の正体を確かめに行ったことがあるという。

怪力

　ある日、琴の稽古を終え帰宅すると、乙女の前に一人の大柄な男が立っていた。その男が乙女につかみかかろうとすると、逆に乙女が大柄な男をねじ伏せて、腰ひもで縛り上げてしまったという。

竜馬の母親代わり

　母が亡くなった後、竜馬の母親代わりを務めた。剣術、書道、和歌、水泳などを教え、夜尿症も治したといわれる。

結婚したが

　24歳の頃、縁談があって医師と結婚、一男一女をもうけるが、武芸など稽古を積んでいたため、家事全般が大の苦手だった。姑とも不仲で、なんとか気に入られようと努力したが、夫の暴力や浮気も発覚し、結局、家を飛び出した。

エピソード

父の死

　京都で裕福な家庭に育ち、生け花や茶道などを嗜んだが、勤王の志士であった父が安政の大獄で捕らえられ病死すると裕福だった家庭はたちまち困窮し、家具や衣類を売って生活するようになった。

妹を取り戻す

　母がだまされて、妹の起美が島原の舞妓に、光枝が大阪の女郎に売られてしまう。それを知ったお竜は、懐に刃物を抱え、死ぬ覚悟で妹を取り返しに行ったという。

竜馬の死

　竜馬暗殺の日の夜、下関にいたお竜の夢枕に血まみれの竜馬が現れたという。竜馬の死を伝え聞いたとき、お竜は髪を切って仏前に供え号泣したという。

竜馬死後

　寺田屋事件で危機を脱した三吉慎蔵がお竜の面倒をみていた。その後、坂本家に身を寄せるも、その生活は長続きしなかった。竜馬の姉・乙女と不仲だったといわれているがお竜が晩年、語ったところによると乙女は親切にしてくれたそうで仲が悪かったのは家督を継いだ兄・権平とその妻だったといわれている。

木戸松子 【きどまつこ】
女性 1843年 ▼ 1886年

木戸孝允をかくまった芸者

篤姫（天璋院） 【あつひめ（てんしょういん）】
女性 1836年 ▼ 1883年

江戸幕府第13代将軍徳川家定の正室

山本八重 【やまもとやえ】
女性 1845年 ▼ 1932年

「幕末のジャンヌ・ダルク」といわれた会津藩士の娘

エピソード

芸妓時代
幾松と名乗っていた芸者時代は大人気で、大勢の指定客がいたが、愛したのは、木戸孝允だけだった。

スパイ活動
木戸孝允と同棲生活を始めるが、芸妓は辞めず、その立場を利用して新撰組や佐幕派の情報を収集し、孝允に伝えるというスパイ活動を始めた。

結婚後
1870年、木戸孝允と結婚し、木戸松子と名乗る。結婚後、夫の孝允がほとんど家に帰らないほど忙しい生活を強いられ、松子の心はボロボロに。

不倫
伊藤博文の夫人・梅子と芝居見物に行き、芝居で売り出し中の若い役者と知り合い不倫関係に。その話は岩倉使節団の一員として参加していた孝允の耳にも入ったが、世間体を気にして離縁することはなかった。

木戸孝允の死後
木戸孝允の死後、松子は京都に戻り、昔なじみの芸妓仲間と芝居見物などをして暮らしていた。しかし、伊藤博文が内閣顧問従一位木戸孝允の妻が昔の芸妓仲間と役者買いなどをしていたら木戸公の名が汚れると、強制的に剃髪させられた。翠香院となった松子は京都木屋町へ転居する。

エピソード

幼少期
幼少時から学問を習っていて、覚えも早かった。家臣の子供とも一緒に遊ぶような男勝りなところもあったという。

家定
21歳で13代将軍・徳川家定の正室に。しかし、家定とは2年で死に別れ、子供もできなかった。
未亡人になっても大奥で存在感を示し、最後まで江戸城に留まった。

和宮
第14代将軍・徳川家茂の正室、和宮が江戸城に入ると、大奥のしきたりに従わない和宮との間に嫁姑戦争が勃発。2人は相当仲が悪かったが、家茂の死後、15代将軍・徳川慶喜になり、大奥の予算削減を断行すると、篤姫も和宮と一緒に反発して2人とも和解している。

サト姫
趣味はペットを飼うこと。元々犬を飼っていたが、家定が犬嫌いなため、大奥ではサト姫という名前の猫を飼っていた。猫の世話係に3人も女中を置き、年間に25両もかけたという。

日本で最初にミシンを使った人物
ペリーが日本に来日した時、篤姫に足踏み式のミシンをプレゼントした。篤姫は喜び、そのミシンを自分で上手に使い、当時のアメリカの新聞記事に掲載されている。

エピソード

怪力
幼少期から活発で男勝りな性格だった。
力持ちで、13歳のときに60キロもある4斗俵を肩に乗せて、何度も上げ下げしたという怪力のエピソードがある。

風呂
若い頃、一番風呂に入るというこだわりがあり、毎朝急いで銭湯に向かった。他の客に先を越されると、風呂に入るのをやめて家に帰ってしまったという。

ライフル銃で戦う
会津戦争では、髪を切って鳥羽・伏見の戦いで戦死した弟の服装を着て7連発式のライフル銃を持って新政府軍と戦ったことで知られる。

新島襄
31歳のとき、新島襄と知り合い結婚。襄は妻を「八重さん」と呼び、八重は夫を「ジョー」と呼び捨てにしていたという。

叙勲
皇族以外の女性で、初めて政府より叙勲を受けた。

【名言】 ◎美徳をもって飾りと為す。
◎明日の夜は何国の誰か ながむらんなれし御城に 残す月かげ

マシュー・ペリー

黒船を率いて日本に開国を迫った人物

外国人

1794年 ▼ 1858年

プロフィール

アメリカ東インド艦隊司令長官。1853年、軍艦4隻で浦賀に来航し、久里浜に上陸した。フィルモア大統領の国書を提出して日本に開国を要求した。

その生涯と幕末の動乱

1794年	4月10日、ロードアイランド州に生まれる。
1809年	海軍に入り少尉候補生となる。
1843年	アフリカ艦隊司令長官となる。
1847年	大統領フィルモアより東インド艦隊司令長官兼遣日特使に任命される。
嘉永6(1853)年	江戸湾に入り浦賀沖に到達。開国を求める文書を幕府に渡す。
安政元(1854)年	再び来航して日米和親条約を締結。横浜・下田・箱館を視察した後帰国。
1857年	『日本遠征記』を出版。
1858年	3月4日、ニューヨークで死去。63歳。

幕末の動乱

1808年	間宮林蔵、樺太探検
41年	天保の改革始まる
53年	ペリーが浦賀来航
58年	日米修好通商条約調印

エピソード

黒船

1853年、ペリー率いるアメリカの軍艦4隻が日本を開国させるために浦賀沖に姿を現した。軍艦は黒く塗られていたので、日本人は「黒船」と呼んだ。庶民の中には、黒船を見て逃げ出す人が多かった。

白旗

幕府に対して開国を促す書状と共に、白旗も送ったという説がある。その書状には「私たちと戦争をしても、あなた方は負けるでしょう。そのときはこの白旗を使って」という内容が書かれていたらしい。

日本料理

幕府はペリーに豪華な日本料理を用意した。ひとつずつ膳を用意し、少量ずつ料理を盛りつけるのが日本料理の基本だが、ペリーの日記には「見た目は美しいが料理が貧弱」と書いている。

お台場

お台場は、ペリーの黒船から日本を守るために造られた。

1853年、浦賀にやってきたペリー提督が、幕府につきつけた国書の回答を受け取るために、翌年戻ってくると言って帰っていったため、幕府はペリー艦隊からの来襲に備えて品川沖に大砲を備えた台場「品川台場」を建設することになった。

幕府はペリーに犬の狆（ちん）をプレゼントしてるんだよ。ペリーが亡くなったあとでも家族は狆を飼っていたらしい。ペリーの家を訪ね、役人は狆を見て、久しぶりに日本人を見て喜んで鳴いたらしいよ。

礼儀正しい

ペリーは日本人ほど礼儀正しく振る舞う国民は世界中どこにもないと驚いたという。幕府の役人たちが正座をしている姿を見て「わたしたちがやらされたらとてもつらい姿勢」と語った。

小型の蒸気機関車

ペリーが2度目に来航した時、幕府へ小型の蒸気機関車を贈った。横浜の海岸に線路をしいて走らせ、幕府の役人たちを驚かせた。

お歯黒

当時の日本人女性は、結婚すると歯を黒く染めるという習慣があった。ペリーは口を開けるたびに黒く光る歯を見て驚き、「お歯黒は見た目が悪く、キスもできず、良い習慣ではないと思われる」と日本の文化の理解できない部分に挙げ、日記には「日本の若い娘は歯を黒く染めてないので美しい」と書いている。

タウンゼント・ハリス

外国人

1804年 ▼ 1878年

日米修好通商条約を締結したことで知られる

プロフィール

日米和親条約にもとづき、下田に着任した初代アメリカ総領事。幕府に日米修好通商条約の締結をせまった。

その生涯と幕末の動乱

			幕末の動乱
1804年	10月4日、ニューヨーク州に生まれる。	1804年	ロシア使節レザノフ、長崎に来航
1855年	下田駐在の初代駐日総領事に任命される。	53年	ペリーが浦賀来航
安政3(1856)年	伊豆下田の玉泉寺に総領事館を開く。		
安政4(1857)年	江戸城で将軍徳川家定に謁見して大統領の親書を渡し、老中堀田正睦と会談して通商条約締結を交渉する。		
安政5(1858)年	日米修好通商条約に調印する。	58年	安政の大獄
安政6(1859)年	公使に昇格し、条約批准書の交換のため遣米使節を送り出す。		
1862年	江戸を去り、ワシントンに帰着。	67年	大政奉還
1878年	2月25日、肺炎を起こして死去した。73歳。	77年	西南戦争

エピソード

若い頃

家は貧しく、中学卒業と同時に父や兄の輸入業を手伝い始めた。仕事の合間に図書館へよく通っていて、フランス語やイタリア語などを独学で勉強していた。

生涯独身

生涯独身だった理由は、母親以上の女性が見つからなかったから。母が亡くなった後はしばらくショックでアルコール漬けのすさんだ生活だったという。

牛乳

大の牛乳好き。当時、日本には牛乳を飲む習慣がなかったが、下田に来てからも牛乳を買い求めた。周囲に「あんなものを飲んでいるから毛深くなるんだ」と噂されていたという。

通商条約

日本と通商条約を結び、貿易を始めることを目的に来日。老中、堀田正睦との話し合いでは孝明天皇の反対で通商条約を結べなかったが、次の交渉相手、大老の井伊直弼には通

アメリカ領事・ハリスは開港となった時、幕府に遊女屋を求めてきたしいよ。しかもれ、条文にはいれるなよ！って。幕府は言う事をきいて、横浜スタジアムあたりに遊郭を建てたってウラの交渉ってあるんだね〜！

商条約を結ばせることに成功した。

散歩

趣味は散歩。暇さえあれば下田周辺を散策していた。下田の町を気に入って、世界中のどの土地においても、下田より良いところはないだろうと日記に書いている。

唐人お吉

下田で働いていたハリスが体調をくずし、役人に看護婦に来てほしいと頼んだ。当時日本には看護婦という概念がなく、妾と混同してしまったため、役人は斉藤きちという芸者を連れてきた。きちは3ヶ月間、ハリスの看病をした。きちはその後、唐人お吉と呼ばれるようになった。

【名言】 ◎日本の国民に、その器用さと勤勉さを行使することを許しさえするならば、日本は遠からずして偉大な、強力な国家となるであろう。

ラザフォード・オールコック

初代駐日英国公使

外国人

1809年 ▼ 1897年

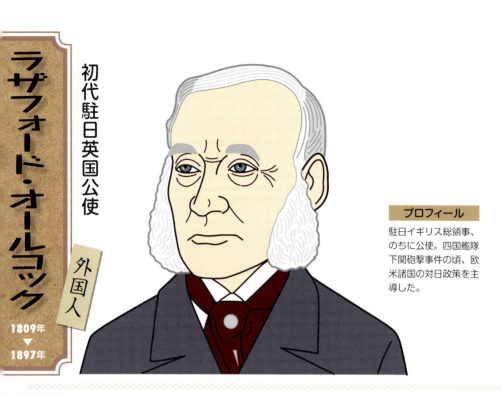

プロフィール
駐日イギリス総領事、のちに公使。四国艦隊下関砲撃事件の頃、欧米諸国の対日政策を主導した。

ハリー・パークス

薩摩・長州の倒幕活動を支援した第2代駐日英国大使

外国人

1828年 ▼ 1885年

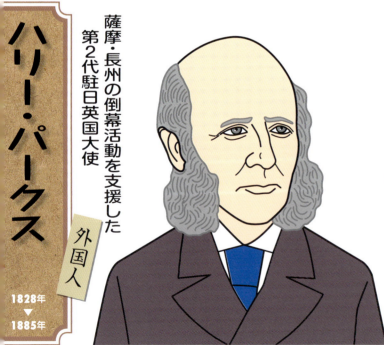

プロフィール
幕末、明治初期の駐日イギリス全権公使。オールコックの後任。江戸城無血開城などで活躍した。明治新政府には強い影響力をもち、西洋文明の導入に協力した。

その生涯と幕末の動乱

		幕末の動乱	
1809年	5月、ロンドン市内のイーリングに生まれる。	1808年	間宮林蔵、樺太探険
安政5(1858)年	日本駐在総領事に任じられる。	58年	安政の大獄
安政6(1859)年	江戸に着任、高輪の東禅寺に居住、のちに公使に昇任する。		
元治元(1864)年	四国連合艦隊による下関砲台攻撃を主導する。本国の召還により帰国。	67年	大政奉還
1897年	11月2日、死去。88歳。	94年	日清戦争(〜95)

エピソード

富士山

外国人として初めて富士山に登頂を果たしたことで知られる。江戸の町から見える富士山に魅せられ、いつか登ってみたいという願望を抱いていたという。

愛犬トビー

富士登山の帰りに立ち寄った熱海温泉で、愛犬のトビー(スコッチ・テリア犬)が「熱海七湯」のひとつ大湯欠泉の熱湯により火傷を負い、熱海の人々が手当をしたが亡くなってしまう。その悲しみように、宿の主人が僧侶を呼んで、人と変わらない葬儀を行った。その行為、日本人の心にオールコックは感動したという。

その生涯と幕末の動乱

		幕末の動乱	
1828年	2月24日、イングランドのスタッフォード県に生まれる。	1825年	異国船打払令を発令
1856年	広東代理領事となる。アロー戦争中は捕虜となる。	53年	ペリーが浦賀来航
慶応元(1865)年	駐日特命全権公使兼総領事に任命される。		
明治元(1868)年	列国に先がけて新政府を承認する。	67年	大政奉還
1883年	清国駐在特命全権公使に栄転、朝鮮公使を兼任。	81年	国会開設の勅諭
1885年	3月22日、北京で没する。57歳。	85年	内閣制度創始

エピソード

口癖

「イエース、イエース、イエース」というふうに、同じ言葉を三度繰り返し言うのが口癖。非常にせっかちな性格だったという。

輪投げ遊び

航海のとき、甲板で輪投げ遊びをしていた。子供のようにはしゃいでいたという。

女人禁制解除

当時、まだ女人禁制だった富士山に妻を伴って登頂した。女人禁制解除の流れを作ったといわれている。

家族

妻や子供にとても優しかった。子供たちのためにイギリスに帰っていた妻の死に目に会えなかったときはものすごいショックだったという。

トーマス・ブレーク・グラバー

1838年 ▼ 1911年

外国人

武器商人として幕末の日本で活躍

プロフィール

英国の貿易商。1859年長崎に来日。1861年グラバー商会を設立し、はじめ日本茶などを輸出していたが、のち西南雄藩ほか幕府諸藩に武器弾薬、軍艦を売り巨利を収めた。

アーネスト・サトウ

1843年 ▼ 1929年

外国人

イギリスの外交官・通訳として活躍

プロフィール

英国の外交官。ロンドン生まれ。1862年横浜に来日。日本語を駆使する外交官の先駆者として倒幕勢と幅広く接触、情報を収集し駐日公使パークスの対日政策の樹立を助けた。

その生涯と幕末の動乱

			幕末の動乱
1838年	6月、スコットランドに生まれる。	1837年	大塩平八郎の乱
1858年	上海に渡りイギリス商社に勤務。	53年	ペリーが浦賀来航
文久元(1861)年	開港直後の長崎でグラバー商会を開設。	58年	日米修好通商条約
文久3(1863)年	この頃から西南諸藩などへの艦船・武器類の販売で発展。薩長藩士の渡航も助ける。		
明治3(1870)年	商会は破産。その後、三菱の顧問となる。	67年	大政奉還　王政復古の大号令
		71年	廃藩置県
明治44(1911)年	12月16日、自邸で病没。享年73歳。	1904年	日露戦争(〜05)

エピソード

グラバー商会

商売を始めようと上海に行くも、無数の欧米貿易商がひしめいていたため断念。長崎で「グラバー商会」を設立した。

アームストロング砲

1868年に始まった戊辰戦争で、薩摩藩などに売ったアームストロング砲などの新兵器が活躍し、幕府軍は敗北。「幕府に反逆した者のなかで、自分が最も大きな反逆人だ」と語ったという。

ビール

武器が売れなくなり、グラバー商会倒産後、外国の海軍関係者がビールを飲んでいるのを見て日本人にも売れると考え、ビール会社「ジャパン・ブルワリー・カンパニー」の設立に参画。これがのちに三菱財閥傘下の「きりん麦酒(現・キリンホールディングス)」として新発足する。

その生涯と幕末の動乱

			幕末の動乱
1843年	6月30日、ロンドンに生まれる。	1853年	ペリーが浦賀来航
1861年	イギリス外務省に入省。		
文久2(1862)年	横浜着。日本語書記官として明治15年まで日本に勤務。		
明治28(1895)年	日本に公使として帰任。	67年	大政奉還
1900年	駐清公使となり、義和団事件の処理にあたる。	94年	日清戦争(〜95)
1929年	8月26日、没する。享年86歳。	1904年	日露戦争(〜05)

エピソード

サトウ

名前の「サトウ」というのはスラヴ系の本当の姓。のちに、この姓にちなみ「佐藤愛之助」という日本名を名乗るようになる。

桜の木

1898年、サトウの命により駐日英国大使館前に日本に対する愛情の印、また、東京の人々に対する贈り物として桜の木が植えられた。

桜を植えた英国大使館前の道路はわざと舗装されず、当時のまま残っている。

家族

戸籍の上では生涯独身であったが、日本には武田兼という内縁の妻がいた。兼との間に3人の子をもうけた。

参考文献

新版 幕末維新新聞	幕末維新新聞編纂委員会	日本文芸社
全国版 幕末維新人物事典	歴史群像編集部	学習研究社
幕末維新の志士ほぉ〜の本 ー志士たちのトリビア（パーフェクト・メモワール）		リイド社
誰かについ話したくなる幕末維新のすべらない話	歴史雑学研究会	リイド社
なるほどナットク！幕末維新 88 のエピソード ー本を開けば維新が見える	高杉俊一郎	アガリ総合研究所
幕末・維新 知れば知るほど ー歴史を動かしたすごい奴ら	勝部真長（監修）	実業之日本社
幕末志士の履歴書 時代劇ではわからない意外なプロフィール	クリエイティブ・スイート	宝島社
ビジュアル 幕末 1000 人 龍馬と維新の群像 歴史を変えた英雄と女傑たち	大石学（監修）	世界文化社
幕末・明治維新が10倍面白くなる人物伝（エピソード）	雑学おどろき学会	新講社
幕末維新なるほど人物事典 100人のエピソードで読む幕末維新完全保存版	泉秀樹	PHP 研究所
幕末維新の人物事典日本の歴史を変えた100人 激動の時代がよくわかる	幕末維新の人物事典編集委員会	PHP 研究所
史上最強カラー図解 幕末・維新のすべてがわかる本	柴田利雄	ナツメ社
坂本龍馬脱藩の道を探る	村上恒夫	新人物往来社
大阪人物事典	三善貞司	清文堂
会沢正志斎の生涯（水戸の人物シリーズ 10）	安見隆雄	錦正社
藤田東湖の生涯（水戸の人物シリーズ）	但野正弘	水戸史学会
官僚 川路聖謨の生涯	佐藤雅美	文春文庫
超ビジュアル!幕末・維新人物大辞典	矢部健太郎（監修）	西東社
週刊日本の100人		デアゴスティーニ・ジャパン

No.002（坂本龍馬 〜我が為すことは、我のみぞ知る〜）
No.006（勝海舟 〜事を遂げる者は、愚直でなければならぬ〜）
No.011（西郷隆盛〜人を咎めず、我が誠の足らざるを尋ねるべし〜）
No.017（徳川家慶〜天下を取り候ほど、気骨の折れ候ことはこれ無く候〜）
No.025（大久保利通〜この難を逃げ候こと本懐にあらず〜）
No.027（福沢諭吉〜起こすも自力なれば倒すも自力なり〜）
No.028（吉田松陰〜親思ふこころにまさる親ごころ、けふの音づれ何ときくらん〜）
No.031（高杉晋作〜人は旧を忘れざるが義のはじめ〜）
No.038（伊藤博文〜人は誠実でなくては何事も成就しない〜）
No.045（木戸孝允〜 人民は病人なり。政府は医者なり〜）
No.048（井伊直弼〜人を咎めず、重罪は甘んじて我等一人に受候決意〜）
No.050（近藤勇〜丈夫志を立てて東関を出ず〜）
No.055（土方歳三〜われ壮年武人となって名を天下に上げん〜）
No.056（板垣退助〜板垣死すとも自由は死せず〜）
No.061（大隈重信〜若い人は高尚なる理想をもたなければならぬ〜）
No.066（大村益次郎〜常識を発達させよ。見聞をひろくしなければならぬ〜）
No.067（ジョン万次郎〜両国の和親を取繕度〜）
No.073（榎本武揚〜元より戦争は相好ます候〜）
No.079（島津斉彬〜西洋人も人なり、佐賀人も人なり、薩摩人も人なり〜）
No.090（岩倉具視〜天地に愧じざるの心を以て、天地に愧じざるの事を謀る〜）
No.005 番外編（小栗忠順〜幕府の運命に限りがあるとも、日本国の運命には限りがない〜）
No.008 番外編（岩崎弥太郎〜自信は成事の秘訣であるが、空想は敗事の源泉である〜）
No.009 番外編（松平容保〜汝等何事も至誠に恥さらさん事を勉むべし〜）
No.015 番外編（緒方洪庵〜名利を顧みず、唯おのるをすてて人を救はんことを希ふべし〜）

この本を手に取っていただいた皆様、
本当にありがとうございます

「覚えておきたい幕末維新の100人+1」は、小さいお子様から大人たちにもわかりやすく、歴史好きの方にも気軽に楽しんで読んでいただけるように、幕末・維新に名を残した人物100人+1をとり上げてイラストで紹介し、その人物のエピソードや名言などを取り上げた幕末・維新の人物入門書です。

坂本竜馬、西郷隆盛、勝海舟などの有名な人物はもちろん、中にはあまり聞いたことがないような人物も出てくるかと思いますが、面白いエピソードもたくさんまとめてあり、気軽に楽しんで頂ける1冊となっております。100人+1の中から好きな人物を見つけて、もっとくわしく研究したり、ゆかりの地を旅をするのも楽しいかもしれません。

また、幕末・維新好きで知られるタレントのビビる大木さんに「ビビる大木の幕末列伝」というとても楽しいコラムを書いていただきましたので、これを読めば幕末・維新の人物に興味をもつこと間違いなしです。この本をきっかけに、身近な人を歴史上の人物に例えたがるほどの幕末・維新好きになっていただけたら幸いです！

引用した本や検索したインターネットのサイトなど、参考にさせていただいた出典元に厚く感謝申し上げます。一覧を巻末にまとめておきました。

「覚えておきたい総理の顔」「覚えておきたい人と思想100人」に続き、「覚えておきたい」シリーズ第三弾として「覚えておきたい幕末・維新の100人+1」の出版の機会を与えてくださり、大変うれしく思っている次第です。

最後に、この著作を出版するに当たり、清水書院の中沖栄さん始め、清水書院の編集部の皆様、その他、助けていただいた皆様に本当に感謝いたします。

本間康司

著者紹介

本間康司（ほんま こうじ）

1968年生まれ、東京都出身。

1993年から共同通信配信記事のイラストに登場。1998年の小渕内閣から党新執行部の横顔、新閣僚の横顔の似顔絵を担当。

似てる似てないはともかく、共同通信配信記事のイラストを中心に、新聞、本、雑誌などに今までに3000人以上の似顔絵を提供。

著書

「長嶋語録かるた」（2001年 日本テレビ出版）、「覚えておきたい総理の顔」（2012年）、「覚えておきたい人と思想100人」（2014年）、「思い出しクイズ昭和の顔」前編・後編（2015年）、2014〜2016年版「さよなら大好きな人」（以上、清水書院）などがある。

執筆協力

ビビる大木（びびる おおき）

1974年生まれ、埼玉県出身。

お笑い芸人。バラエティ番組などに出演し、MCも務める。NHK大河ドラマ「新選組！」をきっかけに幕末の虜になり、歴史・幕末好きとして知られている。吉田松陰・ジョン万次郎らを尊敬し、高知県土佐清水市にある「ジョン万次郎記念館」では名誉館長も務める。幕末関連のNHK大河ドラマ「新選組！」・「龍馬伝」・「花燃ゆ」には俳優として出演するなど、その活動は多岐にわたる。

覚えておきたい 幕末・維新の100+1
勤王から佐幕までの人物伝
スマート版

2019年 8月15日 初版発行

著者	本間康司（ほんま こうじ）
発行者	野村久一郎
発行所	株式会社 清水書院 〒102-0072 東京都千代田区飯田橋3-11-6 電話 03-(5213)-7151
印刷所	広研印刷 株式会社
製本所	広研印刷 株式会社

定価はカバーに表示

●落丁・乱丁本はお取り替えいたします。

本書の無断複写は著作権法上での例外を除ききんじられています。複写される場合は、そのつど事前に、(社)出版者著作権管理機構（電話03-5244-5088、FAX03-5244-5089、e-mail:info@jcopy.or.jp）の許諾を得てください。

ISBN 978-4-389-50097-9　　　　Printed in Japan

掲載人物一覧（五十音順）

アーネスト・サトウ …………146	黒駒勝蔵……………………134	中岡慎太郎…………………60
会沢正志斎…………………106	黒田清隆……………………22	長野主膳……………………92
篤姫…………………………138	孝明天皇……………………76	中浜万次郎…………………52
阿部正弘……………………88	五代友厚……………………18	中村半次郎…………………22
天野八郎……………………98	後藤象二郎…………………58	鍋島直正……………………68
安藤信正……………………88	小松帯刀……………………16	楢崎竜………………………136
井伊直弼……………………84	近藤 勇……………………110	西 周………………………126
板垣退助……………………60	西郷隆盛………………………6	橋本左内……………………102
伊東甲子太郎………………114	斎藤 一……………………114	ハリー・パークス …………144
伊藤博文……………………34	坂本乙女……………………136	土方歳三……………………112
井上 馨……………………40	坂本竜馬……………………46	平野国臣……………………128
岩倉具視……………………72	佐久間象山…………………124	福岡孝弟……………………62
岩崎弥太郎…………………64	佐々木只三郎………………98	福沢諭吉……………………116
梅田雲浜……………………128	三条実美……………………74	藤田東湖……………………108
江川太郎左衛門……………132	品川弥二郎…………………42	堀田正睦……………………94
江藤新平……………………68	島津斉彬……………………12	真木和泉……………………130
榎本武揚……………………94	島津久光……………………10	マシュー・ペリー …………140
大久保利通…………………14	清水次郎長…………………134	松平容保……………………100
大隈重信……………………66	ジョン万次郎 ………………52	松平春嶽……………………102
大鳥圭介……………………96	調所広郷……………………20	水野忠央……………………96
大村益次郎…………………36	周布政之助…………………42	宮部鼎蔵……………………118
緒方洪庵……………………124	タウンゼント・ハリス ……142	陸奥宗光……………………120
沖田総司……………………114	高杉晋作……………………32	村田清風……………………42
小栗忠順……………………90	武田耕雲斎…………………108	毛利敬親……………………40
お登勢………………………136	武市半平太…………………62	山内容堂……………………50
和宮…………………………82	伊達宗城……………………130	山岡鉄舟……………………90
勝 海舟……………………86	谷 干城……………………58	山県有朋……………………38
桂小五郎……………………30	千葉周作……………………132	山本八重……………………138
河井継之助…………………122	トーマス・ブレーク・グラバー	由利公正……………………104
川路聖謨……………………92	…………146	横井小楠……………………122
川路利良……………………20	徳川家定……………………80	吉田松陰……………………26
木戸孝允……………………30	徳川家茂……………………82	吉田東洋……………………56
木戸松子……………………138	徳川家慶……………………80	吉村寅太郎…………………56
清河八郎……………………126	徳川斉昭……………………106	ラザフォード・オールコック
久坂玄瑞……………………38	徳川慶喜……………………78	…………144